КОГДА В ОБРАЗОВАНИИ

ИДЕТ БОРЬБА

СЛУЧАИ ИЗ ПРАКТИКИ

ДЛЯ РАБОТНИКОВ СФЕРЫ ОБРАЗОВАНИЯ

Автор обучается в аспирантуре по направлению "Управление образованием", со специализацией на управлении школами и университетами. Имеет степень бакалавра теологии, закончил магистерскую программу в области образования университета Монтеморелос в Мексике (магистратура является частью образовательного плана указанной аспирантуры). В настоящее время автор также является резидентом управленческой программы для директоров школ в Адвентистском школьном комплексе, служит пастором в Гваделупе. Имеет степень бакалавра испаноязычных исследований и 1-ю степень магистра в области культурных исследований Университета Французской Вест-Индии. Преподает религиозные ценности, монтирует видео для образовательных и религиозных программ. Прожил в Мексике 5 лет и свободно владеет французским, английским и испанским языками. Также немного говорит по-русски и по-португальски. Эта книга - первая из серии книг, которые будут опубликованы в ближайшее время. Наша природа такова, что мы способны ежедневно познавать новое. Мы верим, что через конфликты и испытания можем стать лучшей версией того, кем Бог нас замыслил.

КОГДА В ОБРАЗОВАНИИ ИДЕТ БОРЬБА

СЛУЧАИ ИЗ ПРАКТИКИ

ДЛЯ РАБОТНИКОВ СФЕРЫ ОБРАЗОВАНИЯ

ЗАЧЕМ БОГУ УТРУЖДАТЬ СЕБЯ
РАЗРЕШЕНИЕМ РЕАЛЬНЫХ КОНФЛИКТОВ?

Жиль Анжервилль

СОДЕРЖАНИЕ:

Предисловие

Неважно, кто вы по профессии, работаете ли вы в университете, школе или другом образовательном учреждении, вам нужно прочитать эту книгу. Я благодарен Богу за то, что он дал мне возможность написать книгу для работников сферы образования. Ее создание вызвано необходимостью затронуть широкий круг тем, связанных с различными профессиями в сфере образования. Хотя книга не охватывает все профессии, она приглашает читателей поразмышлять в определенном русле. Следует отметить, что я начал и закончил писать эту книгу гораздо раньше, чем прошел практику в школьной администрации, поэтому данное первое издание дает общее представление о потенциале каждой профессии в таких образовательных учреждениях, как университеты, колледжи, институты и школы. Книга также демонстрирует, каким образом специалист может разрешать различные конфликты, вольно и невольно возникающие. Эти решения, на первый взгляд, могут быть сложными для реализации, поскольку требуют не просто разрешения конфликта, но и самосовершенствования, и сосредоточения на устойчивых отношениях. При таком подходе специалист, работающий в образовательных учреждениях, может руководствоваться собственными компетенциями или профессиональными ценностями, а также верой в помощь Бога. Подход позволяет обрести душевную гармонию в профессиональной среде путем разрешения конфликтов. Эта книга является первым изданием. Для удобства читателей готовится второе издание, которое, мы надеемся, появится в скором времени.

Часть I

~~~

УЧЕНИК или УЧИТЕЛЬ, вот в чем проблема!!!

УЧИТЕЛЬ, МНЕ НУЖНЫ 5000 ЕВРО...

ЗАВЯЗКА

Как помочь ученику? Нужно ли ему помогать? ¿Кто должен это делать? ¿Можете ли это сделать вы? И о чем именно речь? Что ж... Всего лишь о помощи. История, ученик, учитель, классная комната. ¿В чем же дело? Напряжение растет. Есть всего один вопрос: как далеко вы готовы зайти в своей готовности помочь?

РАЗДЕЛ: ОТ МЫСЛИ К ДЕЙСТВИЮ

Вы учитель начальной школы. Ваша школа находится в отдаленном районе Бразилии. Раньше вы преподавали в пригородах. Сложные ситуации были частью вашей повседневной жизни, кроме того, у вас за плечами 15 лет опыта.

Однажды к вам обращается ученик. Ему нужна помощь. Но она связана не с учебой, а с его семьей. Ученик говорит вам: "Учитель, я хочу помочь моей семье в сложной жизненной ситуации". И добавляет: "Моя мама больна, а мы как раз начали строить новый дом". С пересохшим горлом и огорченным видом, он описывает свою ситуацию. Он единственный кормилец в семье, ему приходится ежедневно искать, как выжить. Поэтому он просит вас помочью ему оплатить оставшиеся строительные работы, около 5 000 евро. Он говорит: "Осталось только крышу доделать". И тут вы понимаете, что он сейчас выступает не как ученик из вашего класса, не как участник революционной группы в воскресной школе, не как член банды, а просто как член свой семьи. И конечно, первое, что приходит вам в голову: это не ваша проблема. У вас, в конце концов, есть собственный дом, семья, которую нужно обеспечивать, и дети, которые нужно баловать. Не для этого вы учились и не за это вам платят. Кроме того, у школы есть администрация, которая занимается рассмотрением ученических просьб. И несмотря на это, вы задаетесь вопросами. Помогли бы вы ему, если бы были его единственной надеждой? Помогли бы вы ему, или ваши ученики не настолько вас интересуют?

С ТОЧКИ ЗРЕНИЯ ИСТОРИИ

"На Ближнем Востоке дети одного человека пришли к своему учителю со словами: "Господин Лариссбуазирас, нужно что-то делать, нам сложно хорошо учиться". Учитель удивленно посмотрел на них, а один из учеников продолжил: "Наша классная комната слишком маленькая, а количество учеников растет. Пойдемте рубить лес на берегу реки, этой древесины будет достаточно для строительства новой классной комнаты".

Учитель сказал: "Весьма смело!"

Могли бы вы в 21 веке (а это не просто современность, это эпоха постмодерна) подумать о том, чтобы пойти с учениками на берег реки и рубить лес для строительства нового класса? История этого ученика и учителя продолжает удивлять нас, потому что это всего лишь параллель с историей Елисея: "И сказали сыны пророков Елисею: вот, место, где мы живём при тебе, тесно для нас пойдём к Иордану и возьмём оттуда каждый по одному бревну и сделаем себе там место для жительства. Он сказал: пойдите".
(4 Царств 6, Библия Библейской лиги, ERV)

Вы - учитель, изменил ли Бог вашу жизнь неожиданным образом? Почему бы он этого не сделал?

Вывод

–∎–∎–∎–∎–∎–∎–∎–∎–∎–∎–∎–∎–∎–∎–∎–

Хорошо известно, что мы не можем предсказать собственную реакцию на определенную ситуацию. А как мы можем реагировать на ситуацию, в которой уже побывали? Каким образом Бог осуществлял контроль, когда вы столкнулись с неожиданной ситуацией с одним из учеников? Поделитесь свои опытом с конкретным с человеком.

> ## Работать в команде…
> ## УЧИТЕЛЬ, Я НЕ ВЫНОШУ НЕУВАЖЕНИЯ К СЕБЕ

ЗАВЯЗКА

Учитель с одним проектом, ученики с другим проектом в головах, выстрел в голову. Амбиции, персонажи, гром и молнии. Происходит серьезное столкновение противоположностей.

Стремление к крайностям становится все популярнее. Общество обращается к крайностям к определенную эпоху жизненного цикла обществ.

РАЗДЕЛ: ОТ МЫСЛИ К ДЕЙСТВИЮ

Два учителя подготовили занятие, подразумевающее междисциплинарный подход. День у учителей начинается хорошо. В классе 20 учеников, перед занятием учителя составляют списки групп, которые будут принимать участие. Они уделяют время тому, что изучить заявления учеников за предыдущий день. Ученики разделены на группы по уровню подготовки, что позволяет им взаимно обогащаться знаниями. Во время утреннего занятия учитель усаживает группы за круглые столы, чтобы они могли, видя друг друга, работать над такими темами, как Вторая Мировая Война и причины, по которым люди начинают войны. Ученики получили заранее специально подобранные материалы. Они должны были создать исторический фриз, связывающий экстремальные

1

философские течения и начало войны. Группам дается 25 минут на работу. Когда истекает время, вы понимаете, что некоторые группы не следовали инструкциям. Вы спрашиваете их, почему, и случайно узнаете, что в одну и ту же группу попало много исторических ревизионистов. И они убеждены, что Холокоста никогда не было. Поэтому они составили хронологию, которая не учитывает экстремальные варианты определенных философских движений. Какую междисциплинарную стратегию вы бы применили к этим ученикам-ревизионистам? Как строить преподавание, когда речь идет о студентах, имеющих убеждения?

С ТОЧКИ ЗРЕНИЯ ИСТОРИИ

К Римлянам 12:19-21
Библия Библейской лиги (ERV)

Послание к Римлянам говорит нам: "19. Дорогие друзья, не будьте мстительны. Пусть Бог накажет ваших обидчиков в гневе Своём. Так как записано в Писаниях: "Мщение принадлежит Мне, Я отплачу" - говорит Господь. 20. Итак: "Если враг твой голоден, накорми его. Если он томится жаждой, напои его. Потому что если так будешь поступать, то заставишь его устыдиться". 21. Не поддавайся злу, преодолевай зло добром."

Можете ли вы прочитать этот отрывок ученику, у которого есть мысли о мести?

Вывод

–◼–◼–◼–◼–◼–◼–◼–◼–◼–◼–◼–◼–

Бог ли выбирает, наказывать или нет, когда кто-то причиняет нам зло? Разве он не мог прибегнуть к крайним мерам, когда его довели до предела? Давайте позволим Богу поработать над нашими крайностями, какими бы они ни были.

" Я ОШИБСЯ С ПРОФЕССИЕЙ "

ЗАВЯЗКА

Вопрос, момент и решение, требующее принятия Сомнения, влекущие за собой сомнения. Вопросы, влекущие за собой вопросы. Проще говоря, противоречивые мысли.

РАЗДЕЛ: ОТ МЫСЛИ К ДЕЙСТВИЮ

3 месяца, 2 дня и 2 часа, не 2 часа ночи, а 2 часа преподавания. Вы новый учитель. Некоторые из ваших коллег приняли вас тепло, другие - с ухмылкой. Директор школы приветствовал вас и проинформировал о правилах школы, ваших правах и обязанностях. Вы никогда не питали иллюзий и до вступления в ряды народного образования. Вам даже было хорошо известно о проблемах, с которыми сталкиваются учителя, таких как учебное расписание, уровень мотивации учеников, работа с родителями учеников и так далее. Контроль за дисциплиной в классе. Но знания это одно, а опыт совсем другое. Все познается на практике. Вы погребены под горой бумаг, требующих проверки, после 12 часов преподавания. Вы работаете с классами двух уровней, у вас строгие дедлайны. Встречи с педагогическим коллективом, ученики требуют дополнительных

1

разъяснений по заданиям. Вы плохо спите, находитесь на грани уныния, и тут вам в голову приходит мысль: "Я выбрал не ту профессию". Остановитесь на мгновение, не дайте этой мысли сразу же захватить вас. Вам нужно сделать шаг назад, чтобы лучше понять свою ситуацию. Перед вами стоит вопрос: ту ли профессию вы выбрали? Обоснуйте свой ответ.

С ТОЧКИ ЗРЕНИЯ ИСТОРИИ

Чувство, что вы отказываетесь от своего предназначения - одна из проблем, которая грызет и беспокоит многих учителей. Первые часы преподавания провоцируют вопрос: "Почему я здесь, в чем моя миссия?"

Иона 1:2-3
Библия Библейской лиги (ERV)

2 «Отправляйся в великий город Ниневию и проповедуй против него, потому что весть о его злодеяниях дошла до Меня». 3 Но Иона убежал от Господа и отправился в далёкий город Фарсис. Он добрался до Иоппии[b], где отыскал корабль, отплывающий в этот порт. Заплатив за проезд, он поднялся на корабль и отправился в Фарсис, чтобы спастись бегством от Господа.

Иона хотел избежать миссии, которая не казалась ему правильной. Однако Бог знает наши истинные симпатии и антипатии. Он знает, из чего мы сделаны.

Вывод

Не избегайте ни Бога, ни своей миссии. Если Бог возложил ее на вас, он вас и освободит. Отказ от миссии никогда не дарует вам освобождение.

1

Часть II

〜

Конфликт
с родителями учеников

КЕМ ВЫ СЕБЯ ВОЗОМНИЛИ? ВЫ ПРОСТО УЧИТЕЛЬ

99

ЗАВЯЗКА

Вступать или нет в конфронтацию с родителями ученика? О чем следует с ними говорить? Нужно ли вообще встречаться с родителями? И... Если избегать встречи, то по какой причине? Просто, чтобы помочь ученику. Есть случай, ученик, родитель и проблема. Мотив? Это предстоит выяснить вам. И вот лишь один вопрос: как будет проходить встреча?

РАЗДЕЛ: ОТ МЫСЛИ К ДЕЙСТВИЮ

Ваш день начался не слишком хорошо. Вы опоздали, и из-за вас дети вынуждены задержаться в школе. Директор вызывает вас к себе, потому что это происходит с вами не впервые. Вы учитель, вам неловко за эту ситуацию, ведь речь идет о школе, в которой вы работаете. Кроме того, между уроками у вас назначена встреча с одним из родителей. Это еще хуже, если учесть, что у вас самые неуправляемые классы. Проходит несколько часов, и приезжает родитель. Это мать одного из учеников, она в дурном настроении, она уставилась на вас, не обращая внимания, куда ставит свою сумку. Она даже не тратит время на то, чтобы представиться. "Кем вы себя возомнили? Вы просто учитель", — говорит она — "Как вы смеете вызывать меня! Очень смело с вашей стороны, в моей компании я отвечаю примерно за 50 сотрудников".

1

Она берет инициативу в разговоре в свои руки и, кажется, застает вас врасплох. Этот день затягивает вас, как зыбучие пески.

Как бы вы отреагировали? Что вам следует делать или не делать? Были ли у вас какие-либо любопытные ситуации во время встреч с родителями.

От Луки 11:52-54
Библия Библейской лиги (ERV)

"52. Горе вам, законники! Вы похитили ключ познания о Боге. Вы и сами не пожелали обрести это знание, и другим помешали». 53. Когда Иисус уходил, то озлобленные законоучители и фарисеи стали задавать Ему множество вопросов, 54. надеясь поймать Его на слове."

Похоже, что речь об учителях, обвинивших другого учителя. Каково здесь намерение, скрытый мотив? Стремление к власти. Иногда именно люди, не имеющие отношения к учительству, нападают на учителей и утверждают, что они просто бесполезные инструменты.

Вы протестуете в открытую или только тогда, когда никто не может этого увидеть?

Вступаете ли вы в конфронтации, не задумываясь о последствиях?

Учитесь ли вы поступать так или учите ли этому других, включая взрослых? Или вы думаете о последствиях, только если дело касается лично вас?

Как вы реагируете, даже если вы, возможно, правы?

Вывод

Вы становитесь все более чувствительны к христианским принципам, что бы вы сделали как христианин, столкнувшись с проблемой ? Что бы вы сделали в соответствии с убеждениями? Какой пример подает Иисус для разрешения этого конфликта?

" ВАМ НЕ СЛЕДОВАЛО ГОВОРИТЬ С МОИМ СЫНОМ "

ЗАВЯЗКА

Школа, родители, конфликт. В чем причина конфликта? Причина в вас. Почему? Спросите у родителей. К чему это нагнетание? Чтобы вы знали, что может произойти или что уже могло произойти! Еще один непростой день в вашей жизни…

ОТ МЫСЛИ К ДЕЙСТВИЮ

В школьном дворе находятся два родителя. Вы наблюдаете за происходящим из своего класса. Уже 16:30 и уроки закончились. Ученики выходят во двор. Двое родителей приближаются. Они очень сердиты и, кажется, серьезно спорят во дворе. Вы продолжаете наблюдать за происходящим и видите, что они идут, крича друг на друга. Подходят к одной классной комнате и, кажется, собираются в нее войти. Вы решаете выйти и узнать, что случилось. Подойдя к классу, вы понимаете, что родители не позволяют одной из ваших коллег покинуть класс. Это одна из тех коллег, с которыми вы не ладите. В первые годы работы в школе вам с ней было нелегко. Вы наблюдаете за жаркой дискуссией, спрашивая себя: нужно ли вам уведомить администрацию или следует вмешаться в дискуссию самому? Учительница замечает вас, она выглядит напуганной. Она снова смотрит на вас, как бы пытаясь заручиться вашей поддержкой. И тут вы принимаете решение, которое кажется вам наилучшим: молча уйти домой. Поступили ли бы вы именно так?

С ТОЧКИ ЗРЕНИЯ ИСТОРИИ

В нашем обществе базовое образование меняет жизни. Можем ли мы изменить человека собственным примером - это тема, которой стоит либо избегать, либо же принимать во внимание Можете ли вы просить ученика о чем-то, чего вы сами не делаете? Можете ли вы просить ученика не следовать вашему примеру, а делать то, что правильно? Должен ли он делать упражнение, которые вы не в состоянии объяснить? Нечто подобное произошло с Моисеем в этой истории:

Исход 2:11-25
Библия Библейской лиги (ERV)

11. Моисей вырос и стал взрослым мужчиной. Он видел, что его собственный народ, иудеи, вынужден тяжко трудиться. Однажды он увидел, как египтянин избивал иудея. 12. Оглянувшись вокруг и увидев, что никто за ним не наблюдает, Моисей убил египтянина и закопал его в песке. 13. На следующий день Моисей увидел, как два еврея ссорятся друг с другом. Увидев, что один из них неправ, Моисей сказал ему: «Почему ты бьёшь ближнего своего?»14. «Кто сказал, что ты можешь быть начальником и судьёй над нами? Скажи, ты убьёшь меня, как убил вчера[c] египтянина?» Испугавшись, Моисей подумал: «Теперь все узнают о том, что я совершил».

Пример Моисея описывает проблему выбора - служить или не служить примером другим. Как стать примером другим, если все знают, что вы не изменились? Что в вашем преподавании можно изменить? Подаете ли вы хороший пример своим поведением или отношением.

Вывод

Моисей отказался от всего из-за одной ошибки, и не самой незначительной. Бог преобразует мысли учителя. Учитель меняет жизнь ученика. Бог меняет наши жизни каждый день

> **ПОСТАВЬТЕ ЕМУ СРЕДНИЙ БАЛЛ 19, ПОЗЖЕ РАССЧИТАЕМСЯ**

ЗАВЯЗКА

Присутствует интерес, но чей? Ваш. И есть проблема: родитель шантажирует учителя. Зачем? Не так уж и редко это случается…

РАЗДЕЛ: ОТ МЫСЛИ К ДЕЙСТВИЮ

Приближается конец триместра. Последний контроль пройдет за 15 дней до классного совета. Ученики готовятся, для многих из них последний контроль дает шанс достичь своих целей. Некоторым достаточно удовлетворительной оценки, другие хотят получить достойную награду на классном совете. Ваше внимание привлек один ученик. У него хороший балл, но ему хочется получить высшую оценку. Он подходит к вам сразу после урока. Смотрит на вас и спрашивает, в чем будет заключаться контроль. Вы только что дали инструкции всем ученикам. Делаете вид, что не понимаете, о чем речь, хотя на самом деле всё прекрасно понимаете. Вы говорите ему: "Что тебе нужно?". Ученик совсем не удивлен вашим ответом, он смотрит на вас и говорит, что надеется поступить в колледж, и для этого ему нужно получить максимально высокий балл. Вы слушаете его с беспокойством, едва сдерживаясь. И вот проходит контрольная, и он получает не такую уж и высокую оценку. После обсуждения ученик возвращается в класс, но уже со своей матерью. Они подходят к вам, явно намереваясь что-то обсудить. Мать вежливо говорит вам: "Знаете, некоторые вещи - это просто вопрос договоренности между двумя людьми" и продолжает: "Поставьте моему сыну 19 баллов, мы в долгу не останемся. Ваши коллеги подтвердят". Как бы вы поступили на месте учителя?

С ТОЧКИ ЗРЕНИЯ ИСТОРИИ

Взятка - явление, которое, как считают многие, не должно существовать. Но многим также хотелось бы, что некоторые принципы были более гибкими. Ведь мы живем в обществе. Какую позицию занять? Какому принципу следовать? Иуде пришлось познать, кем он был и в кого он превратился. Об этом следующий текст:

От Матфея 27:3-5
Библия Библейской лиги (ERV)

3. Когда Иуда, предавший Иисуса, увидел, что Его осудили, то раскаялся и возвратил тридцать серебренников главным священникам и старейшинам. 4. Он сказал: «Я согрешил, предав невинную кровь». Но они сказали: «Что нам до этого? Это твоя забота!» 5. Тогда он бросил серебряные монеты в храме, пошёл и повесился.

Вы становитесь Иудой или вы уже - Иуда? Этот вопрос, несомненно, приглашает к размышлениям.
Как не поддаться коррупции? (Спросить себя, кто вы).
Приходилось ли вам думать о том, что надежды больше нет и единственное, что вам остается - поддаться коррупции?

Вывод

Чтобы решить проблему коррупции, нужно избегать ее или искоренять, когда она появляется? Давайте придерживаться наших принципов, они, несомненно, должны главенствовать в наших жизнях.

Заметки

_____

_____

_____

_____

_____

_____

_____

_____

_____

_____

Часть III

~

Администрация и управление

ТЯЖКИЙ ТРУД

ЗАВЯЗКА

"Смерть с косой", прозвище и проблемы. Жестокие правила построения карьеры для вас не секрет. Беспрецедентная история.

РАЗДЕЛ: ОТ МЫСЛИ К ДЕЙСТВИЮ

Посовещавшись с бухгалтерией и изучив данные, вы столкнулись с необходимостью нанять нового сотрудника. На собеседование пришли несколько кандидатов. В приемной собралось много молодежи, кандидатам около 40 лет, они заметно нервничают. Вакансия очень привлекательная. Директор открывает дверь и приглашает кандидатов в соответствии с номерами. Одна девушка встает и проходит в кабинет. Директор говорит ей: "Пожалуйста, садитесь". После интервью о ее профессиональных навыках выясняется, что девушка отлично разбирается в предмете. Ей предлагают стажировку. Проходит 2 года, и ей хотят предложить постоянное место работы. Но директора ждет большой сюрприз. Сотрудница, которая раньше была образцом для всех, превратилась в противницу всех новых идей, предлагаемых администрацией и даже организует внутренний заговор, чтобы сместить директора и заполучить его место. Эта сотрудница, так ловко организовавшая свой сомнительный план, получила прозвище "Смерть с косой". Директор недоволен и вызывает ее к себе. Она приходит с представителем профсоюза. Вы доверяли ей и разочарованы ее отношением. Что бы сделали вы в этом случае? Чтоб бы вы сделали, чтобы она изменила свое поведение?

С ТОЧКИ ЗРЕНИЯ ИСТОРИИ

На кого вы возлагаете свои надежды - на Бога или на способности человека?

Псалом 19:6
Библия Библейской лиги (ERV)

"Прославим Бога и превознесём Его имя, когда Он помощь окажет тебе. Да пошлёт Господь тебе всё то, о чём бы ты ни попросил".

Бог необыкновенен, Он проникает в сердца и умы, Он дает силу тем, кто потерял уверенность. Человек разочаровывает, но Бог всегда терпелив.

Смогли бы вы проявить терпение, если бы вас предали?
Что бы вы сделали, если бы один из ваших товарищей предал вас?
Как молиться, о чем просить Бога, чтобы пережить предательство?

Вывод

Сохранять терпение, несмотря на предательство - невероятная вещь. Бог всегда поможет нам в преодолении, если мы искренни.

ДАВЛЕНИЕ НА СОВЕТ

ЗАВЯЗКА

Административный совет, тревоги, множество проблем и несмотря ни на что - улыбка. Влияние, как хорошее, так и не приносящее ничего, кроме проблем. Кажется, что целью осуждения был другой человек, просто возникла проблема с адресатом. Так выглядит "давление на совет".

РАЗДЕЛ: ОТ МЫСЛИ К ДЕЙСТВИЮ

Вы влиятельный член административного совета средней школы, в котором 15 участников. Вы обсуждаете проект сотрудничества с университетом, чтобы вовлечь ваших учеников, начиная с 6 класса, в исследовательскую работу. Проект требует привлечения инвестиций, а также строительства высокотехнологичного здания. Вам нужна поддержка большинства членов административного совета. Наступает день голосования, и тут вы понимаете, что члены, работавшие над сбором пакета документов, о чем-то сговорились. Половина из них саботирует проект, предлагая вместо этого создать отдельную структуру с привлечением третьих лиц. Это будет не внешняя комиссия, дающая консультации, а люди, принимающие решения. Приближается решающий момент, обсуждение продолжается. Члены совета пытаются передать проект   от учебного учреждения другой организации. Вы подозреваете, что они заранее сговорились с конкретной компанией, которая хотела бы получить этот проект. Вам нужно срочно вмешаться, прежде чем состоится голосование. Президент совета объявляет пятнадцатиминутную паузу перед последними обсуждениями и голосованием. Принимая во внимание только эти сведения, как бы вы изменили ситуацию?

С ТОЧКИ ЗРЕНИЯ ИСТОРИИ

Как вы можете узнать правду, когда люди судят о вас, ориентируясь на предрассудки? Как вы можете избавиться от собственных предрассудков? "Виновный - вы, потому что соответствуете образу виновного человека" - вот что сказали бы вам те, кто решил назначить идеальным виновным. В их интересах вы также подстраиваетесь под образ идеального виновного. Для заговорщика и его сообщников таким образом создается идеальная ситуация. Вы готовы были подать их головами к столу горячими, и тем самым совершили ошибку. В чем заключается ваша ошибка? В том, что вы поверили, что однажды ваши соперники просто перестанут существовать. Поверили что они могут стать потенциальными союзниками, а они просто позволяли вам в это верить. Это напоминает нам о следующей истории:

От Иоанна 18:19-21
Библия Библейской лиги (ERV)

19. Первосвященник тем временем расспрашивал Иисуса о Его последователях и учении. 20. Иисус ответил: «Я всегда открыто говорил со всеми и всегда учил в синагогах и в храме, где собираются все иудеи, и никогда ничего не говорил тайно. 21. Почему же ты спрашиваешь у Меня? Спроси у тех, кто слушал Меня. Они знают, о чём Я говорил».

Могли бы вы позволить обвинить себя, чтобы облегчить ситуацию?
Смогли бы вы сделать то, что сделал Иисус?
Могли бы вы допустить несправедливость в своей жизни хотя бы на мгновение?

Вывод

Следовать за Христом - нелегкая задача. Но если мы позволяем себе быть ведомыми им, наша жизнь полностью меняется. На кого бы вы хотели быть похожи - на обвиняемого или обвинителя? Вы скажете, что это зависит от обстоятельств. О чем говорит пример Иисуса с Синедрионом?

РАБОТА НАД НОВЫМ ДОКУМЕНТОМ... НАС ВЫЗЫВАЮТ

ЗАВЯЗКА

Документ, административные процедуры и множество проблем - таков распорядок дня. Упущение или ошибка, ваша ли, другого ли человека? Документы и история, которые трудно перепроверить. Опасно ли это? Да, есть риск потерять все.

РАЗДЕЛ: ОТ МЫСЛИ К ДЕЙСТВИЮ

Директор собрал команду. В чем заключается миссия этой команды? Разработать годовой бюджет. К вашему сожалению, вам не нравится работа с административными бумагами, но вам очень хочется, чтобы ваш проект получил признание. Каждую неделю вы встречаетесь с командой, чтобы обсудить рабочие успехи каждого из ее членов. Цель - работать над привлечением инвестиций в создание и строительство специализированной школы для учеников с ограниченными возможностями. Выделен бюджет. Его размер составляет 50 000 евро. Вы строите планы и тут, и там, но вдруг понимаете, что ваши ожидания превышают возможности бюджета. Несмотря на этого, вы все равно вписываетесь в бюджет, корректируя кое-какие детали. Ваши коллеги делают то же самое, когда готовят собственные части сметы. Они представляют свои бюджеты и планы по расходованию средств. И тут обнаруживается несовпадение в некоторых документах. Представленные бюджеты уже израсходованы. Некоторые счета - подделки. Более того, если проверить протокол совета директоров, то там нет соответствующего голосования по расходованию средств. Хуже того, в ходе обмена электронными письмами вы пытались скрыть правду. Оказалось, что вы совершили серьезную ошибку. Приходит письмо, в котором говорится: "Вас и вашу команду вызывает директор". Что должен сделать директор, чтобы выяснить правду? Сделать вид, что он не в курсе, что произошло, или сделать что-то другое? Что должны сделать его коллеги? Как должны поступить вы, будучи христианином?

С ТОЧКИ ЗРЕНИЯ ИСТОРИИ

Как мы можем определить, что имеем дело с подлогом документов? Другими словами, как мы можем отличить истинное от ложного? На практике все не так просто. Даже признание не является решающим фактором, поскольку не является неопровержимым доказательством. Во многих случаях некоторые считают, что было бы полезно иметь детектор лжи, который можно было бы использовать постоянно. Это сложное решение. Доверие или недоверие к окружающим нас людям является основополагающим моментом. Это позволяет нам двигаться вперед или нет.

Иисус Навин 7:19-21
Библия Библейской лиги (ERV)

19. Тогда Иисус сказал Ахану: «Сын мой, тебе следует почитать Господа Бога и исповедаться перед Ним в грехах. Скажи мне, что ты сделал, и не пытайся ничего от меня скрыть». 20. Ахан ответил: «Это правда! Я согрешил против Господа, Бога Израиля. Вот что я сделал: 21. мы захватили город Иерихон и всё, что в нём было. Я увидел красивую одежду из Вавилона, около 2,5 килограмма серебра[b] и 600 граммов золота[c] и захотел взять эти вещи себе. Они все в земле под моим шатром, а серебро спрятано под одеждой»[d].

Как проанализировать этот текст с точки зрения раздела "От мысли к действию"?
Будучи профессионалом в своем учреждении, грешили ли вы уже против Бога, как это сделал Ахан?
Как не повторять ошибок?

Вывод

Отличие истины от лжи - основа истинного прогресса. Под давлением нам приходится принимать решения в непредвиденных обстоятельствах. Реагировать на неожиданности - почти обязанность. Давайте всегда будем к этому готовы.

"ОТСУТСТВУЮЩИЙ УЧИТЕЛЬ"

ЗАВЯЗКА

Высокие цели, мотивированный педагогический состав и отсутствие учителя. Отсутствует лучший, и это отсутствие ощущается. Причина пока неизвестна.

РАЗДЕЛ: ОТ МЫСЛИ К ДЕЙСТВИЮ

Директор определил цели на текущий год. В ближайшие 3 года мы должны добиться 100-процентного уровня успешной сдачи экзаменов. Речь идет о старших классах. Как только намечается снижение оценок, педагогический коллектив собирается, чтобы оценить своих учеников и проследить динамику их успехов. Коллектив обычно встречается дома у одного из учителей, чтобы пообщаться в непринужденной обстановке. Собрались почти все, кроме одного человека. Обычно это не проблема, но в этом конкретном случае не пришел самый лучший учитель. У него степень доцента, он отличный педагог. Он прекрасный пианист, играет еще на 7 музыкальных инструментах. Успех всего коллектива зависит от его взаимодействия с остальными учителями. Напряжение возникает, когда его критикуют за то, что он сосредоточен лишь на личном успехе и не вкладывает больше сил в педагогическую работу. Он отсутствует, и все долго обсуждают это отсутствие, которое кажется неоправданным."Если я встречу его, я скажу ему правду, — говорит один учитель. "Мы заставим его спуститься со своего Эвереста", — отвечает другой. "Это правда, он должен быть здесь, а он ничего нам не говорит", — добавляет третий. Затем мы видим, как его машина останавливается, он подходит к шлагбауму, чтобы войти. Все в шоке, что же будет? Как справиться с возмущением? Нужно ли выразить его, учитывая что речь идет о деловой встрече? Как вы думаете?

С ТОЧКИ ЗРЕНИЯ ИСТОРИИ
Если то, что сияет, несовершенно, несовершенны и те, кто сияет. В жизни есть люди успешные и менее успешные. Главное — быть готовым стремиться к совершенству.

1 Царств 18:11-15
Библия Библейской лиги (ERV)

11 У Саула в руке было копьё. Он бросил его и подумал: «Я убью Давида, пригвоздив его к стене». Но Давид дважды уклонился от него. 12 Господь покинул Саула и был с Давидом, поэтому Саул стал бояться Давида. 13 Тогда Саул удалил его от себя и сделал Давида начальником тысячи солдат, и тот водил отряды в походы. 14 И везде Давиду сопутствовал успех, потому что Господь был с ним. 15 Саул, видя, что Давиду во всём сопутствует успех, стал бояться его ещё больше.

Что вы думаете о Сауле, который хотел прибить Давида к стене?
Что вы думаете о Сауле, который сделал Давида вождем тысячи солдат?
Возможна ли ревность в коллективе?

ВЫВОД

У каждого свой путь. Ревность - своего рода фильтр, выявляющий гордыню. Можем ли взглянуть на другого без фильтра, отринув гордыню?

" ВЫ НЕКОМПЕТЕНТНЫ "

ЗАВЯЗКА

Напряженная атмосфера, неумеренные амбиции, интервью, которые может пойти не по плану. Не самая выгодная комбинация. Как результат, растущее напряжение. Как его снизить? Как избежать катастрофы?

РАЗДЕЛ: ОТ МЫСЛИ К ДЕЙСТВИЮ

Вам никогда не нравилось администрирование, не только в вашем университете. Вы вообще не любите заниматься административной работой. Короче говоря, вам не нравится быть подотчетным перед руководством. Вы выступаете за гипердемократию - в том смысле, что каждый может участвовать в управлении. Директор школы вызывает вас к себе из-за очень плохих показателей ваших учеников на экзаменах. Последние два года эти показатели неуклонно снижались. Вы представляете ему результаты с другой точки зрения, говоря ему, что вы вели этих учеников только в 9 классе. Вы говорите: "На мои результаты влияет не моя работа, а работа учительницы X". Директор отвечает, что именно вы должны заниматься повышением уровня учеников и что именно по этой причине вам доверили учеников 3 класса. Вы объясняете директору, что важны не только результаты, что преподавание нельзя измерять цифрами. Представьте себя на месте

4

директора школы: вам нужно разработать стратегию, которая поможет учителю изменить свой взгляд на образование и отношения внутри иерархии.

Что вы могли бы сделать?

Если бы вы были другим учителем, что вы могли бы сделать, чтобы ваш коллега лучше вас понимал?

С ТОЧКИ ЗРЕНИЯ ИСТОРИИ
Как справиться с позором? Обычно его непросто преодолеть. Именно это произошло с Петром, одним из учеников Иисуса. Вот история об этом.

От Луки 22:59-62
Библия Библейской лиги (ERV)

59 Прошло около часа, и кто-то ещё стал утверждать: «Этот человек точно был с Ним, ведь он галилеянин». 60 Но Пётр возразил: «Я не знаю, о чём ты говоришь!» И в ту же минуту, когда он ещё говорил, пропел петух. 61 Тогда Господь обернулся и взглянул на Петра. И вспомнил Пётр слова Господа: «Сегодня, прежде чем пропоёт петух, ты трижды отречёшься от Меня». 62 Пётр вышел и горько заплакал.

Сколько отрицаний вам понадобилось бы, чтобы отречься от слов Господа?
Из-за чего вы могли бы отречься от Христа ещё раз? То есть, четыре раза...
По какой причине вы бы отреклись от Господа?

Вывод

Позор связан с социальной изоляцией. Позор является таким фактором, который превращает все, что мы делаем, в нечто совершенно иное. Как человеку защититься от позора? Простить себя - это значит позволить Богу простить вас, а затем принять, что кто-то другой может простить вас.

СОТРУДНИЧЕСТВО В АТМОСФЕРЕ ПОДОЗРЕНИЙ

ЗАВЯЗКА

Намек, затем легкое сомнение, затем подозрение. Это вам о чём-то напоминает? Добро пожаловать в мир не совсем простого прошлого.

РАЗДЕЛ: ОТ МЫСЛИ К ДЕЙСТВИЮ

Вы должны принять родителей из влиятельной семьи. Наступает назначенное время, родители приходят. Вы принимаете их со всеми присущими моменту почестями. Они усаживаются и предлагают выплатить долг вашего учреждения и инвестировать в строительство новой структуры. В разговоре они рассказывают вам о своей дочери и о том, что у нее отличные оценки. Они говорят вам, что было бы хорошо поощрять ее успеваемость, потому что она этого заслуживает. Они предлагают вам создать фонд целевого капитала для молодежи и разрешить их дочери наряду с вами (директором) участвовать в управлении этим фондом поскольку у нее есть соответствующие навыки. Вы делаете сложное лицо и отвечаете: "Я не могу так благоволить одной конкретной ученице". Их это не останавливает они утверждают, что это позволит вам подготовить базу для открытия нового подготовительного класса. Класс будет ориентирован на сдачу экзаменов в бизнес-школу. Идея вам нравится, и вы решаете дать свое согласие на реализацию проекта. Вы понимаете, что между школой, родителями и учеником вполне может быть сотрудничество, но иногда оно приводит к таким вот ловушкам.

С ТОЧКИ ЗРЕНИЯ ИСТОРИИ

Боретесь ли вы против того, в кого можете сами превратиться? Этот вопрос заслуживает ответа. Вот что говорится в следующем отрывке:

К Галатам 5:7-9
Библия Библейской лиги (ERV)

"7. Вы так преуспели в учении Божьем. Кто же помешал вам следовать истине? 8. Доводы, уводящие вас от правды, не исходят от Призвавшего вас. 9. Немного дрожжей заквашивают целую опару."

Кто отказывает на вас влияние в жизни? Легко ли сказать "нет", когда перед нами открывается возможность достичь долгожданной цели? Легко ли не обращать внимание на подозрения? Особенно, когда подозрения не имеют доказательств. От таких подозрений трудно избавиться, потому что они базируются на предрассудках. Каждая из ваших слабостей может вести к множеству последствий, которые сложно оценить. Кто оказывает на вас наибольшее влияние?

Вывод

–■–■–■–■–■–■–■–■–■–■–■–■–■–

- Никогда не отказывайтесь от своих принципов ради достижения успеха. Порой отсутствие успеха - это именно то, что нам нужно.

" ЗАДЕРЖАННЫЙ УЧИТЕЛЬ

ЗАВЯЗКА

Серьезная порция стресса, неожиданное важное событие, ощущение, что вы спите. Вот что перед вашими глазами: сон, похожий на кошмар. День будет полон неожиданностей, и это не день рождения...

РАЗДЕЛ: ОТ МЫСЛИ К ДЕЙСТВИЮ

Вы слышите полицейские сирены. Вы выглядываете из окон своей классной комнаты на третьем этаже. Вы видите две полицейские машины перед школой. Приходят полицейские, стучат в дверь вашего класса и забирают вас в участок. Что послужило причиной? Вы еще не знаете. Вы проходите через весь школьный двор, за вами наблюдают те немногие ученики, которые все еще остаются в классах. Вы понятия не имеете, что происходит. Затем полицейские наклоняют вашу голову и усаживают вас на заднее левое сиденье машины. Вы потрясены и не можете говорить. Машина прибывает в полицейский участок, и вас сажают в камеру с другим человеком, он выглядит недружелюбно. Это кошмар. Два часа ожидания, да, два бесконечных часа, без мобильного телефона, без любой связи. В это время директор, которому сообщили о ситуации, в спешке покидает школу и направляется в полицейский участок. Там ему сообщают, что его учитель обвиняется в том, что не уведомил органы о нелегальном статусе одного из своих учеников. Более того, он принял ученика в школу, не сообщив вышестоящему руководству о том, что ученик находится в нелегальном положении. Вы - директор школы, как вы будете действовать с этого момента?

С ТОЧКИ ЗРЕНИЯ ИСТОРИИ

К Евреям 13:2
Библия Библейской лиги (ERV)

"2. Всегда помните о гостеприимстве, потому что поступая так, некоторые, сами того не ведая, оказали гостеприимство Ангелам. 3. Помните о тех, кто находятся в тюрьме, как если бы вы были их товарищами по заключению, и помните о тех, кто терпят страдания, как если бы вы страдали вместе с ними.''

- Этот текст может вовлечь вас в настоящие проблемы. Вы всегда желали добра другим. Вам всегда хотелось верить, что образование не может быть ограничено происхождением, социальным классом или предрассудками. Ваши друзья называют вас идеалистом.

Вывод

Делать добро другим, но какой ценой? Именно этот вопрос нужно задать себе, прежде чем сделать шаг. Мы все наделены разумом, но как соблюдать закон, когда помощь ближнему требуется здесь и сейчас? Как придерживаться требований закона?

" УЧИТЕЛЬ УВОЛЬНЯЕТСЯ "

ЗАВЯЗКА

Мысли о перспективах, ощущение не полного соответствия, громкие крики и взрослые перемены. Вы угадали, музыка доносится из театра, а актеры говорят, что солнце одного встает там, где заходит солнце другого.

РАЗДЕЛ: ОТ МЫСЛИ К ДЕЙСТВИИЮ

"Кто этот забавный парень?" - "Да так, бродяга, спустился с гор". Мы пришли как раз к началу выступления. Организаторы - два преподавателя, один - французского языка, другой - музыки. Междисциплинарная команда работает вместе, но не на равных условиях. Один из средней школы, другой - из университета. Это кажется странным, но неравные условия связаны с тем, что учитель хочет закончить свой контракт со средней школой и перейти на преподавательскую работу в университет. Сотрудничество этой команды - интересная затея, которая гарантирует, что студенты могут развиваться, не ограничиваясь рамками конкретных предметов. После этого учитель решает уволиться, потому что у него появились другие амбиции. Какие аргументы можно привести учителю, чтобы он остался? Что бы вы сделали, если бы были директором школы, а учитель был одним из самых лучших?

С ТОЧКИ ЗРЕНИЯ ИСТОРИИ

Вы спортсмен высокого уровня, способный на подвиги?

1 к Коринфянам 9:24
Библия Библейской лиги (ERV)

24. Разве вы не знаете, что все бегуны на стадионе участвуют в забеге, но лишь один получает награду? Так бегите же так, чтобы выиграть.

Что вас стимулирует? Что вы делаете, чтобы не сдаваться? Какие вы видите альтернативы опусканию рук? Есть разногласия, они проявляются настолько быстро и настолько сильно, что могут разрушить все наши планы. Какова истинная причина, по которой вы сдаетесь? Порой мы сами ищем повод, чтобы сдаться. Словно желаем, чтобы случилась какая-то проблема или инцидент. Но если вы думаете, что проблема придет одна, вы ошибаетесь. Вы когда-нибудь строили планы после отказа от борьбы, работы, усилий по достижению цели? Дайте себе время все обдумать и, возможно, даже пойти на уступки.

Вывод

Жизнь - это изменчивый процесс. Иногда жизнь приносит столько перемен, что человек теряет ориентиры.

" ПОЕЗДКА, ПОЛНАЯ НЕПРЕДВИДЕННОГО "

ЗАВЯЗКА

Колумбийский акцент, немного португальского, в итоге - коктейль из непредвиденных обстоятельств. Это не о лингвистике, а ситуации-катаклизме. Впрочем, без преувеличений: это всего лишь серия из трех непредвиденных обстоятельств.

РАЗДЕЛ: ОТ МЫСЛИ К ДЕЙСТВИЮ

Учитель испанского языка хочет отправиться в поездку вместе с учителем португальского. Количество участников определено в 70 человек. Два преподавателя решают договориться с фирмой о цене, чтобы получить групповую скидку. Переговоры ведутся через стороннюю ассоциацию, которая организует школьные поездки. Учителя связываются с родителями и организуют с ними встречу. В результате поездка начинается, до того, как директор школы получает данные о дате путешествия и копии страховых полисов учеников. Самолет должен сначала лететь в Колумбию, а затем в Бразилию.

Непредвиденное обстоятельство №1: о, ужас! Учителя обнаружили, что, несмотря на то, что они проверили наличие мест для проживания, в гостиницах больше нет мест.

Непредвиденное обстоятельство №2: стоимость проживания в отелях намного дороже, чем ожидалось, из-за этого может серьезно пострадать часть бюджета, выделенная на посещение археологических памятников.

Непредвиденное обстоятельство №3: до единственного свободного отеля 45 км, и водитель автобуса просит с вас за эту поездку дополнительную плату.

Какие шаги следует предпринять в этих трех случаях? Как вы справитесь с этой неожиданной ситуацией? Верите ли вы, что Бог поможет вам преодолеть непредвиденные обстоятельства?

С ТОЧКИ ЗРЕНИЯ ИСТОРИИ

Петр, ходящий по воде. Как отреагировал Петр на неожиданную возможность ходить по воде? Апостолы этого не планировали и не предвидели. Петр, вероятно, проявляет инициативу, несмотря на риск. Как он это делает?

От Матфея 14:28-32
Библия Библейской лиги (ERV)

28. В ответ Пётр сказал: «Господи, если это Ты, то прикажи, чтобы я мог подойти к Тебе по воде!» 29. Иисус сказал: «Подойди!» Тогда Пётр вышел из лодки и пошёл по воде к Иисусу. 30. Тотчас же он заметил, что ветер усилился, и поэтому испугался. Он стал тонуть и закричал: «Господи, спаси меня!» 31. Иисус тотчас же протянул руку и подхватил его. Он сказал Петру: «Маловерный, почему ты усомнился?».

Неожиданная вера, непредвиденная вера? В таких ситуациях вера играет важную роль, затрагивая и развивая совершенно неожиданные черты характера, которые в других обстоятельствах никогда бы не проявились.

Будьте готовы к неожиданностям в следующем случае из практики.

Чтобы Бог мог изменить вас, сколько непредвиденных обстоятельств в вашей организованной и спланированной жизни вам нужно преодолеть?

Готовы ли вы столкнуться с неожиданностями текущего дня?

Возможно, вам уже пришлось столкнуться с неожиданностями вчера, готовы ли вы встретиться с новыми сегодня?

Вывод

-▪-▪-▪-▪-▪-▪-▪-▪-▪-▪-▪-▪-▪-

Бог вмешивается в ситуацию, даже когда случается нечто неожиданное. Доверьте ему управление вашей жизнью.

" УЧЕНИК В БОЛЬНИЦЕ

ЗАВЯЗКА

В час ночи - шум и новые неприятности. Вам хотелось спать, но сон точно не доставляет вам большой радости, потому что он всегда чем-то прерывается.

РАЗДЕЛ: ОТ МЫСЛИ К ДЕЙСТВИЮ

Все, чего вам хочется - спокойная ночь. Но когда у вас есть обязательства, так что ваши ночи похожи на мечты о вечном путешествии по Вселенной. Эти мечты реальны, только пока вы спите. Вот что с вами произошло. Час ночи, звонит телефон. На том конце провода - медсестра. Не школьная, а из больницы. К вашему удивлению, это мать одного из учеников. Вы не можете в это поверить. Помните, что именно она хотела заявить на вас за то, что вы, по ее мнению, повысили плату за обучение? Вы спрашиваете себя, действительно ли это она, и даже решаетесь спросить ее: "Это госпожа Х?" Она отвечает так, как будто не помнит, что у вас с ней были проблемы. Она просит вас приехать в больницу. Насторожившись, вы задаетесь вопросом, не ловушка ли это, и решаете позвонить заместителю директора и поехать в больницу вместе. А там медсестра рыдает перед вами, прося совета, поскольку врач просит у нее авторизовать операцию по извлечению пули из головы ее сына или же отказаться от этой операции. Она знает, шансы на успех

6

и неудачу примерно равны. Она просит вас помочь ей с мужем принять решение. Её муж в такой же панике, как и вы.

С ТОЧКИ ЗРЕНИЯ ИСТОРИИ

Могли бы вы помочь своему врагу?

Могли бы вы поддержать своего врага в трудную минуту?

Кто будет заботиться обо мне, когда я буду заботиться о других?

От Иоанна 10:14
Библия Библейской лиги (ERV)

"14. Я — добрый пастух. Я знаю Своих овец, и Мои овцы знают Меня."

Бог заботится о вас, когда Вы берете на себя ответственность повиноваться ему. Нам нравится общаться с приятными людьми, но можем ли мы получить удовольствие, общаясь с людьми, которые нам не симпатичны? Бог хочет заботиться обо всех, даже о врагах. Неожиданные ситуации могут приводить к созданию неожиданных союзов.

Вывод

—◼—◼—◼—◼—◼—◼—◼—◼—◼—◼—◼—◼—

Есть ситуации, которые могут
способствовать выработке решений. Бог
управляет событиями так, что из несчастья
может зародиться счастливая дружба
между бывшими врагами

Заметки

_____

_____

_____

_____

_____

_____

_____

_____

_____

_____

_____

Часть IV

Столовая

> ## НЕСКОЛЬКО ДЕТЕЙ
> ## ОТРАВИЛИСЬ

ЗАВЯЗКА

Столовая, коллектив и блюдо, но не с рыбой, а с ядом. Никакой иронии, только тирания кухни и связанные с нею проблемы с меню. Добавим соли, для повышенного давления и гипертонии. Что в итоге? Озабоченные взгляды и отравившийся ученик. В каждом соусе в этой истории обязательно присутствует перец.

РАЗДЕЛ: ОТ МЫСЛИ К ДЕЙСТВИИ

Вы руководите персоналом кухни. Ваша задача? Организация, планирование школьного питания и разрешение конфликтов. Ваш кошмар? Непредвиденные события. В целом, персонал кухни прислушивается к вам, а также к радио, комментируя звучащие по нему новости. У каждого есть свое мнение. В начале недели выходит очередная сводка новостей. Вдруг упоминается название вашей школы, и комментатор дает следующую информацию: "Ученик... из школы... отравился". В этот момент вся ваш персонал прекращает работу и увеличивает громкость, чтобы прослушать остальную часть сводки новостей. В ней говорится: "....Ученик в настоящее время находится в реанимации. Службы санитарной инспекции предупреждены. Ведется расследование для определения степени ответственности". Все указывают друг на друга, и каждый начинает выяснять, несет ли он ответственность или нет. Вы звоните своему начальнику, и он уведомляет вас, что ведется расследование. Директор школы вызывает вас для итогового совещания. В центре внимания - вы и степень вашей ответственности. Все вокруг обвиняют друг друга. Социальные сети всколыхнулись, и ваше имя у всех на слуху. Кажется, что один из членов вашей команды ответственен за этот слух. Что бы вы сделали, чтобы решить проблему? Что бы вы сделали с поступающей информацией? Как бы вы искали решение? Кому бы вы позвонили, чтобы решить эту проблему? Будете ли вы молиться об этой проблеме?

С ТОЧКИ ЗРЕНИЯ ИСТОРИИ

Кулинария - это искусство. Есть люди, которые умеют сочетать вкусы, которые восхищают вкусовые рецепторы. Искусство заключается в правильном подборе ингредиентов. Вы когда-нибудь готовили блюдо, которое должно было стать звездным хитом шеф-повара, а на деле же оказывалось беззвездным небом? Вот напоминание об опыте, который вы хотели бы забыть: когда гости вот-вот должны были прийти, а блюдо, которое вы подали на стол, было невкусным или вообще не имело вкуса. Проходит время, и вам приходится снова через это проходить. Имея это в виду, давайте вспомним другую сцену, где гости уже попробовали блюдо, и вот что из этого вышло:

4-я Царств 4:38-40
Библия Библейской лиги ERV

38. Когда Елисей возвратился в Галгал, в той земле свирепствовал голод. Братство пророков сидело перед Елисеем. Он сказал своему слуге: «Поставь большой котёл на огонь и свари суп для пророков». 39. Один из них пошёл в поле собирать овощи. Он нашёл дикое

вьющееся растение, собрал с него плоды и положил их в свою одежду. Вернувшись, он накрошил эти дикие плоды и положил их в котёл с супом. Никто из пророков не знал, какие это были плоды. 40. Затем они налили людям немного супа, но, как только они начали есть, все закричали: «Божий человек, здесь яд в котле!» Поэтому они не могли есть.

Что бы вы сделали на месте отравившегося человека? Бог действует через своего слугу. "41 Но Елисей сказал: «Принесите немного муки». Он насыпал её в котёл и сказал: «Подай пророкам суп, чтобы они могли его есть». И не стало в супе ничего вредного."

Точно так же доверьтесь Ему, если вы в растерянности из-за того, неудача на кухне привела к серьезным последствиям.

Вывод

Во времена Елисея никто знал, как решить эту проблему. Просто пища для оздоровления другой пищи? В данном случае, мука. Он использует неожиданные средства для разрешения казалось бы неразрешимой проблемы.

" ПРОБЛЕМНЫЙ ПЕРЕЕЗД "

ЗАВЯЗКА

Слишком маленькие столовая и кухня, желание сэкономить. Стремление сделать доброе дело и проблема. Неожиданный знак на горизонте, мини-бунт на корабле. Есть подходящий виновник? И вот какой вопрос: как в данной ситуации реагировать? С помощью хорошей стратегии...

РАЗДЕЛ: ОТ МЫСЛИ К ДЕЙСТВИЮ

Грамотное управление особенно важно, когда требуется что-то изменить. В системе школьного питания грядут перемены. Завершено строительство новой, полностью оборудованной столовой. Персонал должен организовать переезд. Коллектив начинает подготовку Пришло время упаковать все вещи в коробки для транспортировки. Сотрудники делают это сами, чтобы не тратить лишние деньги. Процесс запущен, и наконец наступает сам день переезда. В целях экономии средств сотрудникам предлагается помочь транспортной компании с перевозкой вещей. Переезд состоялся, сотрудники проводят завершающие работы. Возникает проблема, связанная с оплатой труда персонала за проделанную работу. Вы заручились устным соглашением о том, что помощь с переездом была добровольной. К сожалению, позже выясняется, что сотрудники хотят, чтобы после переезда вы заключили письменное соглашение об оплате их рабочего времени. Перед вами встаёт задача разрешить эту непростую ситуацию. Как бы вы решили проблему с персоналом? Если бы вы были сотрудником администрации и выступали против этих изменений, как бы вы отреагировали?

С ТОЧКИ ЗРЕНИЯ ИСТОРИИ

Как управлять бунтом? Как справляться с оппозицией? Вечный вопрос. Что делать когда кто-то поступает плохо? Вот история о бунте, в котором участвовало около 250 человек, приличное количество людей, не так ли? Представьте, что вам придётся иметь дело не с одним человеком, а с полчищами бунтовщиков. Чтение библейского текста поможет нам вспомнить контекст.

Числа 16-17
Библия Библейской лиги (ERV)

2 Эти четверо, известные всему народу и избранные народом быть предводителями, собрали ещё 250 человек из Израиля и восстали против Моисея. 3 Все вместе они пришли и стали говорить против Моисея и Аарона. «Вы зашли слишком далеко! — сказали они. — Весь израильский народ свят, и Господь ещё живёт среди него! Почему вы ставите себя выше всего народа Господнего?» 4 Услышав это, Моисей пал ниц в знак покорности. 5 Затем Моисей сказал Корею и всем его сообщникам: «Завтра утром Господь покажет, кто воистину свят и принадлежит Ему, и тогда приблизит этого человека к Себе. 6 А ты, Корей, с сообщниками должны сделать следующее: 7 завтра утром положите огонь в кадильницы и всыпьте туда благовонное курение пред Господом, и Он изберёт того, кто воистину свят. Вы, левиты, зашли слишком далеко — вы неправы!»

Теперь, когда мы знаем контекст, каково ваше впечатление от этой истории?

Как вы думаете, были ли у этих взбунтовавшихся мужчин веские причины для этого бунта?

Вывод

Важный принцип - никогда не бунтовать. Выражение беспокойства по поводу ощущения несправедливости часто является ключом к тому, чтобы не разжечь конфликт. Бог успокаивает сердца и позволяет недостаткам превратиться в возможности.

" ОДНА СТРАТЕГИЯ СКРЫВАЕТ ДРУГУЮ

ЗАВЯЗКА

Намерение, команда и взрыв. Не тот, от которого много шума, а тот, что с дымом перед пожаром. Кто жертва? Что ж, это вы.

РАЗДЕЛ: ОТ МЫСЛИ К ДЕЙСТВИЮ

Есть проблемы, которые непросто разрешить. Как разрешить конфликт, который никто не хочет разрешать? Таково краткое содержание этой истории. Вы работаете в коллективе, приближается конец года. Намечается координационное совещание. Вы решили внести руководству предложение по увеличению оплаты труда сотрудников, которые в этом году работали сверхурочно. Такова стратегия руководителя коллектива, работающего в столовой. Этот руководитель хочет заставить администрацию выделить дополнительный бюджет на столовую, чтобы реализовать собственные инициативы по улучшению оплаты труда поваров. Переговоры начинаются в присутствии директора школы, и вдруг выясняется, что назревает бунт. Руководитель коллектива столовой обнаруживает, что его первоначальные намерения обернулись попыткой лишить его работы. Понимая, что он загнан в угол и что ему придется столкнуться лицом к лицу и с директором школы, и со своим коллективом, он в расстройстве. Если бы вы были членом его коллектива, какой совет вы бы ему дали?

С ТОЧКИ ЗРЕНИЯ ИСТОРИИ

Искусство заговора - это искусство войны в зародыше. Заговорщик хочет оставаться незаметным до того, как осуществит свой план. Вот текст, который может ответить на этот вопрос.

Псалом 40:7-11
Библия Библейской лиги (ERV)

7. Истинные намерения свои скрывая, ко мне приходят недруги мои, а затем распространяют сплетни обо мне. 8. Я слышу, как шепчут за спиной враги, и худшего полны их пожелания: 9. «Грешен он, поэтому его преследует ужасная болезнь, ему вовек уже не встать с постели». 10. И даже близкий друг, с которым я делился и доверием, и хлебом, поддавшись сплетням, обратился против меня. 11. Но помоги, будь милостив, Господь, чтоб мог я встать и с ними расквитаться.

Остерегайтесь заговоров, они вынуждают нас договариваться с людьми, с которыми мы никогда не стали бы договариваться в обычной ситуации.

Как избавить сердца сотрудников от желания бунтовать?

Кто вы в профессиональной жизни?

Вы такой же человек в личной жизни?

Приходилось ли вам полагаться на милость Бога в схожей ситуации?

Вывод

—◾-◾-◾-◾-◾-◾-◾-◾-◾-◾-◾-◾-◾—

Никогда не стройте планов по уничтожению другого. Вы разрушаете себя, не осознавая этого.

Часть V

∿

Охранный пост

> ## Я ЗАСУЖУ ТЕБЯ, ТЕБЕ СО МНОЙ НЕ СПРАВИТЬСЯ

ЗАВЯЗКА

Новый год, ученики - как новые, так и уже известные. За время вашего наблюдения вы видели множество явлений, торнадо и ураганов, все они были названы в честь подростков. Но вы никогда бы не подумали, что они решатся зайти так далеко. Грядут сложные, очень сложные проблемы... Все в укрытие, приближается буря.

РАЗДЕЛ: ОТ МЫСЛИ К ДЕЙСТВИЮ

Безопасность - один из важных моментов в управлении школьным кампусом. Будучи охранником, вы постоянно находитесь в состоянии боевой готовности. Вы сталкиваетесь со многими ситуациями. Иногда вы даже обнаруживаете и решаете самые сложные и необычные из них. Родители, студенты, коллеги, семьи. Персонал. Однажды, когда вы связались с коллегой из другой школы, он рассказал вам историю. В один прекрасный день он обнаружил, что плохо себя чувствует и у него нет сил продолжать работу на охранном посту у входа в заведение, где он работает уже 20 лет. Он обращается к врачу, который говорит ему, что это, должно быть, из-за переутомления. Но на самом деле, похоже, что все дело в постоянных угрозах, исходящих от родителей, которые приходят и просят охранника отпустить их детей из школы до окончания занятий. Затем охранник замечает, что каждую пятницу его посуда для обеда меняет свое место. Он также обнаруживает, что один ученик подмешал в его обед какой-то очень подозрительный ингредиент, чтобы по пятницам выходить из школы на улицу незамеченным. Ученик задержан охранник на месте преступления. Этот ученик - сын того самого отца, который каждую пятницу угрожает охраннику, говоря: "Это не твой сын, а мой, выпусти его". Затем, в порыве гнева, вы, охранник, кричите: "За то, что сделал ваш сын, я собираюсь подать на вас в суд. У вас нет шансов отвертеться". У вас есть шанс отомстить за все прошлые унижения. Будучи христианином, как вы можете понизить градус конфликта?

С ТОЧКИ ЗРЕНИЯ ИСТОРИИ

Представьте, что кто-то готовит против вас заговор. И что небольшая группа заговорщиков решает покончить с вами. Другими словами, организовать ваше преследование. Это завязка этой истории.

От Матфея 12:14-16
Библия Библейской лиги (ERV)

"14. Тогда фарисеи вышли и стали сговариваться, как найти способ погубить Его. 15. Однако Иисус знал о том, что замышляли фарисеи, и поэтому ушёл оттуда. Множество народа следовало за Ним, и Он всех исцелял, 16. предупреждая их о том, чтобы они не рассказывали о Нём другим".

Обнаружение заговора, организованного врагом, поражает меньше, чем обнаружение заговора, организованного другом. Это одна из самых больших сложностей при поиске решения наших проблем. Как вы реагируете, когда обнаруживаете, против вас организовали заговор?

Вывод

Когда вы один против всех, сохраняйте спокойствие. Позвольте Богу управлять вашими эмоциями и будьте осторожны, потому что ваши эмоции - ваши враги.

"ЕСЛИ НЕ ОТКРОЕШЬ, Я ТЕБЯ ИЗОБЬЮ"

ЗАВЯЗКА

Дверь, коридор, засада и, возможно, около двадцати человек. Утро, конец года и ситуация, с которой нужно разобраться. Разговор растает в дискуссию, дискуссия перерастает в неприязнь.

РАЗДЕЛ: ОТ МЫСЛИ К ДЕЙСТВИЮ

Вы разозлены. Вы не терпите неподчинения. Вам нравится, когда все идет по плану. Именно поэтому вы решили обзавестись средствами самообороны и даже начали посещать занятия по самообороне в профессиональной ассоциации Крав-мага. Крав-мага, каждый вторник вечером вы на занятии. Вы даже позвали с собой друзей из числа школьных кураторов. Главная цель - преподать кое-кому урок, чтобы они изменили свое поведение. Перед работой с вами произошло кое-что очень неприятное. Вам угрожал брат одного из учеников, провоцировал вас на драку с другим учеником. Он сказал вам: "Если не откроешь дверь, я тебя изобью". Вы решаете заявить на него в полицию, не поставив в известность директора школы. Брат ученика узнает о заявлении и планирует отомстить. Вы узнаете от него, что скоро он придет с компанией плохих парней, но уже не в школу, а к вам домой. У вас стынет в жилах кровь. Вы просите куратора по дисциплине помочь вам разобраться с происходящим. Если бы вы были директором школы и своевременно узнали о подобной ситуации, как бы вы поступили? Если бы вы были учителем, живущим неподалеку, что бы вы сделали?

С ТОЧКИ ЗРЕНИЯ ИСТОРИИ

Петр отрезает ухо одному их тех, кто пришел задержать Иисуса, и как на это реагирует Иисус.

От Иоанна 18:10-11
Библия Библейской лиги (ERV)

«10 Тогда Симон Пётр, у которого был меч, выхватил его, ударил им слугу первосвященника и отсёк ему правое ухо. Имя же слуги было Малх. 11 Тогда Иисус сказал Петру: «Спрячь меч в ножны. Разве не должен Я испить чашу[b], назначенную Мне Отцом?»

Сопротивляйтесь голосу, призывающему вас к насилию. Даже мелкие, несущественные насильственные действия - все равно насилие. Расслабляйтесь, чтобы контролировать стресс. Препятствуйте злу, всегда с божьей помощью.

Вывод

Когда речь идет о конфликте, всегда существуют непредвиденные обстоятельства. Желательно оповестить всех действующих лиц, которые могут вам помочь. Прежде чем ввязываться в конфликт, сообщите всю информацию своим руководителям.

Заметки

Часть VI

БУХГАЛТЕРИЯ

" Я ЛОМАЮСЬ ПОД ДАВЛЕНИЕМ НАЧАЛЬСТВА

ЗАВЯЗКА

Балансовый отчет, который требует сдачи. Хаос в конце учебного года. Причина? Непомерное давление. Обязанности, нехватка персонала, требования и приказы. Главному казначею предстоит проверить счета, и все готово полететь в тартарары...

РАЗДЕЛ: ОТ МЫСЛИ К ДЕЙСТВИЮ

Директор отправился в бухгалтерский отдел для предварительного совещания с казначеем. Из других кабинетов мы, бухгалтеры, слышали обсуждение на повышенных тонах. Невозможно было понять, о чем они говорили, но мы услышали, как открылась дверь, прежде чем директор вышел из кабинета и резко сказал: "Мы должны сделать балансовый отчет, у нас на носу конец года". Через несколько минут к нам вышел казначей и позвал нас, всю команду бухгалтеров на собрание. "Вы должны предоставить мне всю необходимую информацию не позднее конца недели", — сказал он резким, трескучим голосом. Он посмотрел вам прямо в глаза и сказал: "Уважаемый, вы сильно опаздываете, и это затрудняет нам выполнение годового плана". Вам очень обидно слышать свое имя. Обычно вам не по вкусу разбирательства на людях.

Такое демонстративное поведение сильно раздражает вас. Вы работаете дома сверхурочно, ваш рабочий день бесконечен. Кроме того, вы терпите нападки нескольких коллег в офисе. Все срывают сроки, давление порой невыносимо. И тут один коллега не согласен с происхождением одного счета-фактуры. Пока вы обсуждаете этот счет, напряжение заметно растет. Если бы вы были начальником этого сотрудника, как бы вы справились с проблемой? Как вы справляетесь, когда напряжение уже достигло своего пика? Если бы вы были упомянутым сотрудником , как бы вы решили этот вопрос?

С ТОЧКИ ЗРЕНИЯ ИСТОРИИ

Библия - удивительная книга. Мы извлекаем базовые понятия из конкретной ситуации И мы применяем их к другой ситуации, когда это представляется возможным. Давайте применим этот принцип на практике, используя историю из книги Иакова.

Иакова 1:2-4
Библия Библейской лиги (ERV)

"2. Братья и сёстры, с великой радостью принимайте всякие испытания, 3. зная, что ваша вера, пройдя через испытания, порождает терпение. 4. И это терпение должно оказать своё действие, так что вы достигнете зрелости и полноты и не будет у вас изъяна."

В планы Бога не входит ломать волю человека.
Хотелось ли вам когда-нибудь сломить волю одного из сотрудников?
Это ваш брат в церкви, но враг на работе?
Вам не хватает терпения?

Вывод

Как применить этот стих к решению проблем в разделе "От мысли к действию"? Всегда полезно поставить себя в ситуацию, схожую с проблемой, которая может возникнуть.

> ## ПОДДЕЛКА БАЛАНСОВОГО ОТЧЁТА

ЗАВЯЗКА

Банковские счета, нужда и проблема. Когда счета в плохом состоянии, управление сильно усложняется. Но когда на них накладываются и другие проблемы, возникает необходимость в подотчетности.

РАЗДЕЛ: ОТ МЫСЛИ К ДЕЙСТВИЮ

Бухгалтер, семья которого погрязла в долгах. Муж, который потерял работу и у которого проблемы. "Как мне выбраться из этого?" - такой вопрос задают себе многие люди. Приближается кризис, и рабочих мест становится все меньше и меньше. Бремя, которое накладывает потеря работы на семью семьи, огромно. Учеба, выплата кредитов и поиск работы - это настоящее испытание. Неудачные малочисленные собеседования оставляют после себя тяжелый осадок. Каждый раз, когда бухгалтер возвращается домой, она обнаруживает новые неоплаченные счета. Она хуже спит, она хуже себя чувствует. Решения становятся менее разумными, а последствия этого - более серьезными. Однажды ей в голову приходит идея. Сначала она кажется ей нереальной, но потом все становится понятнее. Ей приходит в голову идея позаимствовать деньги у своего работодателя без его ведома. Действовать предстоит в школе. Бухгалтер стремится к достижению своей цели. Она (или вы?) берете деньги из школьной кассы и пытаетесь подправить счета. Никто не замечает ваших действий. Ваши усилия приносят вам удовлетворение. Разработанная вами схема позволяет вашим домочадцам избавиться от проблем, достаточно применения кое-каких стратегий. Затем вы обнаруживаете, что Бог хочет, чтобы вы все вернули. Но вас могут уволить, если вы признаетесь. Что бы вы сделали, зная, что за ваши грехи может поплатиться вся ваша семья?

С ТОЧКИ ЗРЕНИЯ ИСТОРИИ

Любите ли вы деньги? Любите ли вы деньги больше, чем Бога? Или больше, чем смелость быть честным?

1-е к Тимофею 6:10
Библия Библейской лиги (ERV)

"10 Потому что любовь к деньгам — корень всякого зла. Некоторые в своём стремлении к наживе уклонились от веры и навлекли на себя боль и страдание."

Ваша вера начинает слабеть, когда вы относитесь к деньгам или к счастью как к проблеме.
Вы спросите меня, что за странная формулировка?
Вы бы украли, чтобы получить деньги, или получили бы деньги, украв?
Как далеко вы готовы зайти, чтобы добиться успеха, если у вас возникнут финансовые трудности?
Что бы вы сделали, если бы вам пришлось разрабатывать стратегию по изменению ситуации?

Вывод

Риск совершить ошибку всегда будет высок из-за человеческой природы. Прежде чем принимать решения, мы должны хорошо подумать, и только потом действовать.

Часть VII

Куратор по дисциплине

" Я ЗАСТАВЛЮ ИХ СЪЕСТЬ БЕШЕНУЮ КОРОВУ "

ЗАВЯЗКА

"Мн никогда этого не хотелось" - фраза, над которой вы постоянно размышляете. Я мог бы кем-то стать, но теперь все мои мечты потеряны навсегда. Мое наказание? Работать здесь в качестве куратора. Никто не сможет сделать это вместо меня.

РАЗДЕЛ: ОТ МЫСЛИ К ДЕЙСТВИЮ

Вы - новый школьный куратор по дисциплине. Вы устроились на эту работу, пока ждали другую. Параллельно вы начали обучение в другой области. Прошли годы, а вы все еще работаете на том же месте. Вам приходится контролировать занятия, которые проходят в полной суматохе. Сегодня выходной, и вам предстоит проконтролировать один из классов, который славится агрессивностью своих учеников. Знаменитый 9-й класс. Сейчас 10 часов утра, и вы сидите в классе и ждете 10:05. Звенит звонок, и вы стоите снаружи, пока ученики встают в очередь. Один ученик шепчет на ухо группе друзей, насмешливо глядя на вас. Вы чувствуете исходящие от них презрение и брезгливость в течение оставшегося часа наблюдения. Пока вы располагаетесь, ученики шумят и, похоже, пользуются ситуацией, чтобы поболтать.

Они начинают передавать друг другу вещи. Затем что-то привлекает ваше внимание: ученик повышает голос и проявляет неуважение к вам. Он спрашивает вас, почему вы не найдете более серьезную работу, неужели вам нечем заняться в жизни? Группа приспешников этого ученика присоединяется к нему и бросает оскорбления в ваш адрес.

Что бы вы сделали на месте куратора по дисциплине? Какие действия вы предприняли бы? Какую стратегию вы выбрали бы для следующей контрольной проверки этого же класса? Как вы применяете христианские принципы во время своей проверки? Как именно вы это делаете?

С ТОЧКИ ЗРЕНИЯ ИСТОРИИ

Оскорбление - это замаскированная насмешка. Проанализируйте ситуацию, в которой вы подверглись насмешкам и реакции на них. Насмешка - это, как говорят, безымянная и безликая атака:

От Матфея 27:39-41
Библия Библейской лиги (ERV)

"39. Проходившие мимо люди выкрикивали оскорбления, кивая в Его сторону 40. и говоря: «Эй, Ты, Который собирался разрушить храм и восстановить его в три дня, спаси же Себя. Если Ты Сын Божий, сойди с креста!» 41. Главные священники вместе с законоучителями и старейшинами тоже издевались над Иисусом, говоря: 42. «Он спасал других, а Себя спасти не может. Если Он действительно Царь израильский, так пусть теперь сойдёт с креста, и мы поверим в Него!"

Как вы реагируете, когда вас оскорбляют? Будь то незнакомец или человек, которому вы пытались помочь.

Как вы поддерживаете людей?

Вывод

Что делает человек, когда чувствует, что больше не пользуется уважением окружающих? Что делать, когда осознаешь это? Реагируйте наилучшим образом.

ЗАВЯЗКА

Плохой день, который превращается в сущий кошмар. Неизвестный, не воображаемый, не предвиденный, он представляет собой высшая степень позора.

РАЗДЕЛ: ОТ МЫСЛИ К ДЕЙСТВИЮ

Имеется учебное заведение, находящееся под видеонаблюдением. Вы приняли решение о зачислении своих детей в эту школу. Вы работаете куратором по дисциплине и в один прекрасный день становитесь свидетелем совершенно неожиданной сцены. Директор школы входит в класс и просит всех учеников встать. Его сопровождает заместитель директора. У него не очень любезное выражение лица. Он берет слово, рассказывает о незаконном обороте наркотических веществ, который происходит в школе. Он просит учеников сложить свои школьные сумки в угол класса и собраться в одном месте. Напряжение ощутимо растет, и директор объявляет, что сейчас будет обыск сумок. Наступила каменная тишина, у учеников перехватило горла, каждый надеется, что не стал сегодня жертвой какого-нибудь розыгрыша. Каждый задается вопросом, не подложили ли ему что-то в сумку. Затем взгляд директора замирает, когда в сумке одного из учеников обнаруживается какую-то упаковку.

Когда упаковку вскрывают, в ней обнаруживается беловатое вещество. Директор спрашивает, кому принадлежит сумка. К вашему большому удивлению, на вопрос отзывается ваш сын. Сумка принадлежит именно вашему сыну, который учится в этом классе. Ваше сердце превращается в машину, мотор работает на полной мощности. Вы чувствуете себя неловко из-за сложившейся ситуации. Сам директор школы не знает, что делать. Он спрашивает вас, можете ли вы пройти с вашим сыном к нему в кабинет. Что нужно сделать в этой ситуации?

С ТОЧКИ ЗРЕНИЯ ИСТОРИИ
Не спешите судить. Это самое главное.

От Матфея 27:39-42
Библия Библейской лиги (ERV)

"39. Проходившие мимо люди выкрикивали оскорбления, кивая в Его сторону 40. и говоря: «Эй, Ты, Который собирался разрушить храм и восстановить его в три дня, спаси же Себя. Если Ты Сын Божий, сойди с креста!» 41. Главные священники вместе с законоучителями и старейшинами тоже издевались над Иисусом, говоря: 42. «Он спасал других, а Себя спасти не может. Если Он действительно Царь израильский, так пусть теперь сойдёт с креста, и мы поверим в Него!"

Что делать, если ваш ребенок создает проблемы в школе, где вы работаете?

Как воспитать ребенка, чтобы он вел себя хорошо?

Что означает часть стиха "Других спасал, себя не может спасти"?

Вывод

Нет худшего вывода, чем первый. Это фраза, которая может заставить нас быть осторожными при анализе ситуаций, даже тех, которые касаются нас лично. Повторный взгляд более точен

" ВИДЕОСКОП ПОЛИЦЕЙСКОГО "

ЗАВЯЗКА

Коллега с 800 студентами, чрезмерный энтузиазм и разочарование. Как делать свою работу со 100% успехом на постоянной основе? Как добиться этого, если вы управляете людьми?

РАЗДЕЛ: ОТ МЫСЛИ К ДЕЙСТВИЮ

"Инспектор Гаджет". Именно такое прозвище дали ученики куратору по дисциплине господину Икс. Он известен тем, что в курсе всех опасных ситуаций и предвидит будущие конфликты. Однажды вы решаете навестить его и узнать, как он работает. Он показывает вам несколько наблюдательных постов. Он даже показывает вам наблюдательный пункт. установленный на крыше здания. С помощью администрации он установил камеры даже во внутреннем дворе школы. День за днем он ведет запись как дружественных учеников, так и тех, кого желательно избегать. Он ведет учет таких инцидентов, как драки, оскорбления, присутствие наркотиков. У него есть списки учеников с характеристиками на них, он не стесняется обращаться к коллегам в других школах, чтобы получить информацию о самых известных ребятах из их районов. Он даже присутствует на родительских собраниях, где может проконсультировать по вопросам неправильных знакомств и дурному влиянию друзей. Несмотря на все это, он перегружен и не в состоянии защитить школу от всех возможных эксцессов.

Вопрос, который можно задать любому школьному департаменту: кто из них, несмотря на все свои усилия, не достигает ожидаемых результатов? Как это сказывается на нем и его семье, как он с этим справляется.

С ТОЧКИ ЗРЕНИЯ ИСТОРИИ

Божьи ангелы присматривают за нами, и иногда даже тогда, когда мы этого не хотим.

Псалом 33:7-9
Библия Библейской лиги (ERV)

"7. Будучи убогим и беспомощным, я к Господу воззвал. Мою мольбу услышав, Он избавил меня от всех страданий. 8. Господний Ангел строит лагерь вокруг тех, кто следует за Ним. Он защищает их и ободряет. 9. Позвольте Господу вам доброту Свою явить. Благословен тот человек, который Ему себя вверяет."

Сможете ли вы избежать всех опасностей, которые вам угрожают?

Опасности не выглядят как угрозы, как только они появляются. Они могут выглядеть как милые овечки, но как только спадает флер первого впечатления, опасность проявляет себя в полной мере.

Вывод

Пусть Бог защитит учителей, директоров и всех тех, кто работает в школах, от многих опасностей, с которыми мы сталкиваемся.

Часть VIII

Ученик(и) и другой (ие) ученик(и)

> ## " В 4 ЧАСА ДНЯ У ТВОЕГО ДОМА "

ЗАВЯЗКА

Вспышка света, но не с неба, а с земли. Еще хуже - вспышка гнева в глазах ученика. Еще секунда - и раздастся гром. Такова школьная атмосфера с крепкими словечками и родительской депрессией. Это очень тропическая депрессия, последствия для школьной атмосферы будут еще хуже.

РАЗДЕЛ: ОТ МЫСЛИ К ДЕЙСТВИЮ

В школьных классах царит суматоха. Кажется, что ученики одержимы какой-то темой. Учителя замечают, что ученики в напряжении. Один из учителей, преподаватель философии, решает предоставить слово ученикам, поскольку те, кажется, попросили у него совета по определенной теме. Один ученик берет слово и говорит: "Сэр, что можно сделать, если ученик не хочет следовать нормам морального кодекса?". Вопрос, похоже, относится к области философии, и учитель рад, что ученик, который никогда не проявлял себя на занятиях, внезапно проявляет интерес к его предмету. Учитель задает наводящий вопрос, чтобы получишь больше информации. Он говорит: "Как именно этот человек нарушил моральный кодекс?". Даже не дожидаясь окончания вопроса учителя, ученик обвиняет одну ученицу, называя ее по имени и прямо указывая на нее. "Эта девочка воображает себя королевой школы и

1

оскорбляет людей. Она не уважает меня, и я собираюсь заставить ее спрягать мое имя во всех возможных временах". И тут учитель замечает, что в классе воцарилась полная тишина. Два врага встают посреди класса, между ними начинается страшная словесная перебранка. Затем одноклассники занимают разные стороны, два противоборствующих клана вот-вот столкнутся. В ход идут оскорбления, начинают летать столы, как будто их поднял в воздух ветер оскорблений. Потом слышится: "Встретимся в 4 часа дня, я тебя изобью". Как учителю избежать таких последствий?

С ТОЧКИ ЗРЕНИЯ ИСТОРИИ

Правду не всегда приятно слышать. Правда может быть неприятной, но это случается и с ложью. Неприязнь неприятна не только жертве, но тому, кто выражает свою неприязнь по отношению к жертве. Как мы поступаем в ситуациях, когда мы кому-то неприятны ? Когда есть ощущение того, что вы не только не на своем месте, но и вынуждены сталкиваться с презрением, несправедливостью и насмешками. Это взрывная комбинация, которая возникает как следствие зависти или лжи. Появление такого отношения может быть связано с целым рядом факторов, которые трудно определить. Кто друзья ваших учеников? С кем именно они общаются? Часто ли вы обращаете внимание на учеников на школьном дворе? Есть ли в ваших рабочих группах ученики, которые оказывают на других хорошее влияние, и есть ли ученики, которые поступают наоборот? Проще говоря, кто ваши ученики?

От Иоанна 16:33
Библия Библейской лиги (ERV)

33 Я вам всё это сказал, чтобы вы имели мир во Мне. Вы будете страдать в мире, но мужайтесь! Я победил мир».

Вы не можете решить все проблемы. Однако у каждой проблемы есть решение. Придерживайтесь мирной позиции, даже если все вокруг похоже на войну, даже если ученики отказываются слушаться. Бог всегда присутствует рядом, в своей форме или в виде Святого Духа.

Вывод

С конфликтом лучше всего справляться, пока он еще не развился. Именно тогда можно предвидеть, что конфликт будет разрешен наилучшим

" ХОЧУ, ЧТОБЫ ОДНОКЛАССНИКА ИСКЛЮЧИЛИ "

ЗАВЯЗКА

Одержимая ненависть, успехи и неудачи. Когда зло несет знамя победителя, кто же победит? Всегда побеждает Бог...

РАЗДЕЛ: ОТ МЫСЛИ К ДЕЙСТВИЮ

Класс, учитель и стратегия. Один ученик распускает сплетни о другом ученике. В социальных сетях начинается противостояние. Кому-то в голову приходит невероятная идея. Один из учеников решает спровоцировать другого на провал. Его цель - заставить врага отреагировать. Затем он добьется исключения своего врага из школы.

Ученик решает организовать ряд уловок, чтобы его враг потерял доверие учителей и начал скандалить. Проходит время, и наконец появляется долгожданная возможность. Ученик организует стычку, при этом сам не принимает в ней участия. В результате стычки, впрочем, никого не исключили. Разочарованный, ученик-зачинщик решает во всем признаться своему учителю. Какой совет вы бы дали этому ученику?

С ТОЧКИ ЗРЕНИЯ ИСТОРИИ

Желать зла другому человеку - значит желать зла самому себе, не осознавая этого. Зло никогда не занимает позицию добра, обе стороны зла - зло.

1-е к Тимофею 4:14-16
Библия Библейской лиги (ERV)

14 Перестань пренебрегать своим даром, который был дан тебе через пророчество, когда старейшины возложили на тебя руки. 15 Продолжай посвящать этому всё внимание и свою жизнь, чтобы твои успехи были для всех очевидны. 16 Будь осторожен в жизни и поучениях. Живи праведно и проповедуй истинное учение, и тогда спасёшь и себя, и тех, кто слушают твои проповеди.

Враги не должны стоять на пути миссию, на которую Ваше сердце направил Бог.

Можете ли вы также попросить Бога не наказывать ваших врагов?
Сколько раз вы молились о том, чтобы Бог их не наказывал?

Иногда собственный пример - это способ общения с нашими врагами.

Вывод

-Ваши враги могут быть с вами на небесах. Будьте готовы к тому, что ваш враг станет другом. Эта земля несовершенна, но небеса готовы принять старого врага, ставшего другом.

Часть IX:

Капелланство

" УЧЕНИК И КАПЕЛЛАН В ТЮРЬМЕ "

ЗАВЯЗКА

Студент, тюрьма и встреча. Невероятная встреча, да, но в тюрьме. Нелегко замечать, как люди постепенно прогрессируют и совершенствуются.

РАЗДЕЛ: ОТ МЫСЛИ К ДЕЙСТВИЮ

Капеллан и ученик находятся рядом, в двух соседних камерах. Интересная диспозиция, подумают некоторые. Это крайне маловероятный сценарий, скажут другие. Это неописуемая ситуация. "Вам не следует здесь находиться", — говорит ученик. И капеллан с печальным выражением лица пытается скрыть свое смущение Он выдерживает паузу, прежде чем ответить: "Ты не контролируешь все в своей жизни, даже то, где ты находишься". Эти два человека оказались в тюрьме недалеко от столицы. Эта тюрьма была построена для реализации определенной правительственной программы. Цель программы - реабилитация правонарушителей, тех, кто встал на неправильный путь, но хочет реинтегрироваться в общество. Капеллан, как вы догадались, один из сотрудников программы. Он

1

вызвался помочь одному из своих учеников. Его поместили в соседнюю камеру с учеником на 15 дней, чтобы он сопровождал его на пути к изменению себя. Директор школы был в восторге от эксперимента, который дал беспрецедентные результаты. Если бы вы были учителем, согласились бы вы провести несколько дней в тюрьме, чтобы изменить жизнь одного из своих учеников? Нарушили бы вы привычный распорядок свой жизни, чтобы спасти ученика?

С ТОЧКИ ЗРЕНИЯ ИСТОРИИ

Ночь под звездами - это замечательное событие. Только в этом случае вы видите звезды сквозь решетку своей тюрьмы. Провести в тюрьме любой срок или неопределенное время - это нелегкий опыт.

Деяния 16:25-26
Библия Библейской лиги (ERV)

"25. Около полуночи Павел и Сила молились и воспевали Бога, а другие узники слушали их. 26. Внезапно началось сильное землетрясение, так что даже основание темницы содрогнулось. Тотчас же все двери открылись, и со всех узников упали оковы."

Бог присутствует среди люди даже в трудных ситуациях.
Может ли тюрьма изменить вас?
Как называется тюрьма, которая мешает вам помогать своим ученикам?

Вывод

Тюрьма разрушает жизни. Сама она ничего не восстанавливает. Преобразует нечто другое. Контакт с другими людьми приводит людей к контакту с Христом.

" ЗАБАСТОВКА КАПЕЛЛАНА "

ЗАВЯЗКА

Сокращающийся бюджет, идеал и арсенал. Яркий капеллан привлекает внимание и говорит нам, что мы должны или не должны делать.

РАЗДЕЛ: ОТ МЫСЛИ К ДЕЙСТВИЮ

Сокращение бюджета, нехватка средств и недовольный капеллан. В начале года капеллан решается на невероятный поступок. Он подготавливает плакат и садится у входа в школу. Родители, ученики, сотрудники начинают вникать, в чем же дело. "Недостаточно бюджета, недостаточно молитв" - гласят слова на плакате. Из своего кабинета директор школы наблюдает за происходящим. Капеллан одет в лохмотья и держит в руках чашу для подаяний. "Монеты для капеллана" - эти слова он произносит в мегафон. Он повторяет одни и те же слова снова и снова и направляет мегафон в сторону кабинета директора школы, чтобы убедиться, что его слышат. У директора школы заканчивается терпение, и он просит капеллана встретиться с ним. Время встречи назначено. Перед нами уникальная сцена: мы видим капеллана в лохмотьях и директора школы, идущих через двор к офису. Они идут молча, не обменявшись ни словом. Капеллан не спеша усаживается, разместив в кабинете свою атрибутику. Затем начинается разговор и поиск решения.

С ТОЧКИ ЗРЕНИЯ ИСТОРИИ

Как избежать ощущения, что мы сдались? Как избежать неудачи, даже если мы уверены в успехе?

3 Царств 19:1-4
Библия Библейской лиги (ERV)

«1. Царь Ахав рассказал Иезавели обо всём, что сделал Илия, и о том, что он убил мечом всех пророков. 2. Тогда Иезавель отправила посланца к Илии сказать: «Я клянусь, что завтра к этому времени я убью тебя, как ты убил тех пророков. Если я не сделаю этого, тогда пусть боги накажут меня». 3. Когда Илия услышал об этом, он очень испугался и убежал Вирсавию Иудейскую, чтобы спасти свою жизнь. Он оставил там слугу, который путешествовал с ним, 4. а сам целый день шёл по пустыне. Он сел под кустом и стал просить себе смерти. Он сказал: «Довольно мне, Господи! Возьми жизнь мою. Я не лучше моих предков»

Илия рискует потерять все, поэтому он решает сдаться. Если Бог не прав, как Он может показать свое неодобрение? Это вопрос, который мы задаем себе: зачем отказываться от своего ответственного положения, если в это положение вас ставит сам Бог?

Вывод

—■—■—■—■—■—■—■—■—■—■—■—

Неудачи - не повод сдаваться. Они не означают, что вы снова потерпите неудачу. Позвольте Богу вести вас и помогать преодолевать неудачи.

> ## КОГДА КАПЕЛЛАН ТЕРЯЕТ ВЕРУ

ЗАВЯЗКА

Годы, проблемы и вопросы. Время играет с вами дурную шутку, когда вы думаете, что оно никак на вас не влияет. Что бы вы сказали о себе через несколько лет?

РАЗДЕЛ: ОТ МЫСЛИ К ДЕЙСТВИЮ

17 лет работы капелланом. Вы думаете об этом как после неудачи, так и после успеха, и вы повторяете эту фразу снова и снова. Нет ничего хуже, чем повторять что-то, что вызывает в вас смутное беспокойство. "Семнадцать лет работы капелланом - именно столько лет я провел вместе с учениками, преподавателями, учителями, помогая им решать их проблемы". Заботясь об их нуждах, вы пренебрегали своими собственными. Время тяжело ударило по вашей вере. Вы не хотите, чтобы другие знали, что вы потеряли веру. Вы пытаетесь молиться, но у вас ничего не получается. Похоже, веру вы утратили. Вы никогда бы не подумали, что однажды это может с вами случиться. Долгое время вы думали, что, служа другим, сопровождая их, вы естественным образом усилите свою веру в Бога. И к вашему величайшему удивлению, ничто из этого не помогло вам

1

сохранить веру. Вам от этого невероятно стыдно. Ведь это отказ от всего, что делало вас тем человеком, которым вы были в прошлом или считали себя таковым. Вы как будто теряете свои мечты, те мечты, которые захватывают нас в детстве и которые превращают нас в действующих взрослых. Что бы вы сделали для своего капеллана, если бы он потерял свою веру? Что бы вы сделали, чтобы помочь ему разжечь пламя веры, которое будет служить другим?

С ТОЧКИ ЗРЕНИЯ ИСТОРИИ

Теряете ли вы веру? Верите ли вы в то, что делаете? Верите ли вы в свои успехи или неудачи?

От Луки 8:13
Библия Библейской лиги (ERV)

13 Те, что попали на камни, означают тех людей, которые слушают и принимают слово Божье с ликованием, но у них нет прочных корней, и потому они лишь на некоторое время исполняются верой, но, когда наступает время испытаний, они теряют веру и отворачиваются от Бога.

Какую поддержку вы получаете, когда сталкиваетесь с проблемами?
Кто является вашим лучшим другом в трудные времена?
Кто поддерживает вас, когда никто больше не может поддержать?
Кто является вашей опорой?

Вывод

Вы узнаете в момент катастрофы, кто ваша настоящая опора.

Часть X

Психолог

" ПСИХОЛОГ НА ПРИЕМЕ У ПСИХИАТРА ... "

ЗАВЯЗКА

Вы никогда не думали, что это может случиться. И все же вы набираете номер, снимаете трубку, затем кладете ее. Вы думаете, звонить или нет...

РАЗДЕЛ: ОТ МЫСЛИ К ДЕЙСТВИЮ

"Я не могу избавиться от мыслей о самоубийстве. Каждый раз, когда я слышу, как другие говорят об этом, мне хочется действовать". Психиатр внимательно смотрит на вас и явно анализирует ситуацию. Вы продолжаете говорить: "Я не смог помочь людям, которые любили меня и переживали невероятные трагедии". Ваш психиатр опирается подбородком на тыльную сторону руки, а локтем упирается в стол. на столе стоит красивая скульптура XVIII века, копия бюста Вольтера. Психиатр выпрямляется в кресле и спрашивает: "И каковы причины, по которым вы не смогли никому помочь?".

Вы только и ждали этой возможности, чтобы сказать: "Потому что в этой семье не выстраивают диалог, вместо этого люди стремятся принижать других". "Хм. Принижать других?" - спрашивает доктор. Вы резко выдыхаете, прежде чем на мгновение погрузиться в размышления. Вернувшись к реальности, вы говорите: "Все в семье так воспитаны, они не умеют строить себя, не разрушая ближнего". "Психиатр снимает очки и говорит: "Спасибо, что рассказали мне о ситуации с вашим учеником. Теперь я вижу, какая именно помощь ему требуется".

С ТОЧКИ ЗРЕНИЯ ИСТОРИИ

Могу ли я попросить о помощи? Вот вопрос, который стоит перед нами. Вернемся к моменту поиска:

От Иоанна 11:1-5
Библия Библейской лиги (ERV)

"11 В Вифании, где жила Мария со своей сестрой Марфой, был один человек по имени Лазарь, страдавший от тяжёлой болезни. 2 Мария же была та самая женщина, которая помазала Господа миром и вытерла ноги Христа своими волосами. Болен же был Лазарь, брат её. 3 Сёстры послали передать Иисусу следующее: «Господи, Твой дорогой друг Лазарь болен». 4 Услышав это, Иисус сказал: «Эта болезнь не приведёт к смерти. Она — во славу Божью, чтобы Сын Божий обрёл славу через неё». 5 Иисус любил Марфу, её сестру и Лазаря."

При оказании помощь участие третьего лица может оказаться более чем необходимым. В некоторых случаях придется обратиться к списку адресов, вспомнить о талантах ваших друзей. Связаться с нужным человеком - вот что действительно полезно. Но когда вы сами переживаете трудные минуты, обращаетесь ли вы за помощью к нужному человеку? Способны ли вы преодолеть собственные тревоги и попросить о помощи?

Вывод

Сотрудничество для помощи ученикам может быть полезным. Пусть центром наших усилий будет Бог, он послужит гарантией удачного партнерства в образовании наших учеников.

Заметки

Часть XI

Команда быта

> ## УБОРЩИЦЫ ДРУГ С ДРУГОМ НЕ УЖИВАЮТСЯ?

ЗАВЯЗКА

Ситуация, конфликт и изрядная порция насмешек. Всегда получается коктейль. Уборка, классная комната и ревность - пришла пора смахнуть пыль.

РАЗДЕЛ: ОТ МЫСЛИ К ДЕЙСТВИЮ

Качественная уборка помещений, в которых занимаются ученики, очень важна. В этом деле невозможно обойтись между выстроенного взаимопонимания между сотрудниками. Только так уборщицы смогут выполнять свою работу качественно. Команды уборки организуются в соответствии с расписанием. При этом учитывается количество рабочих часов каждого сотрудника и тип трудового контракта. Некоторые из сотрудников работают неполный рабочий день, а некоторые - полный. Кроме того, возникают непредвиденные обстоятельства, например, один не выходит на работу, другой позволяет себе опаздывать, третий уходит в отпуск. Управление человеческими ресурсами требует регулярного общения со всеми членами коллектива. Перед самым отъездом на каникулы один из учеников сообщает своим родителям о мертвом животном, которое было обнаружено в углу классной комнаты. Бедное животное погибло не в образовательных целях, шумные ученики также не причем. Коллектив уборщиц находится в состоянии боевой готовности. Все только говорят об этом случае и указывают пальцем на бригаду уборщиц, которая работала в среду, за то, что она не выполнила свою работу. Два сотрудника спорят о том, кто несет ответственность за обнаруженное животное: "Это ты должна был вчера убирать классную комнату, вместо этого ты перекладываешь вину на меня", — говорит одна, и получает немедленный ответ: "Животное умерло не во время уборки комнаты, а после". Вы — лидер коллектива, как вы разрешите тот конфликт?

С ТОЧКИ ЗРЕНИЯ ИСТОРИИ

Кое-кто сомневался в Иисусе, но открыл для себя нечто совершенно новое.

Иов 6:29
Библия Библейской лиги (ERV)

"29 Решения свои перемените,
несправедливыми не будьте
Плохого ничего не сделал я."

В некоторых ситуациях все кажется известным заранее. Кажется, что в ошибке виноват один конкретный человек. Как узнать, виновен или невиновен человек? Просто взглянув ему в глаза? Как не поддаться влиянию предрассудков в сложной ситуации, когда требуется торжество справедливости?

Бог призывает нас пересмотреть наши решения, если они не верны.

Вывод

Провести правильный опрос также означает, что нужно все продумать, прежде чем расследовать сбой, непредвиденное событие или конфликт. Будьте готовы к худшему, тогда худшее окажется не таким уж и плохим.

> ## ОРИЕНТИРОВАНИЕ БЕЗ КОМПАСА

ЗАВЯЗКА

День ориентирования и множество проблем. Профиль ориентирования при дезориентации. Это испытание дня.

РАЗДЕЛ: ОТ МЫСЛИ К ДЕЙСТВИЮ

На ученика давят родители, которые разводятся. У него запланирована встреча с консультантом, который ожидает этой встречи с тревогой. На протяжении всего вечера он размышляет о своих прошлых неудачах с учениками с таким же профилем. Особенно консультанта пугают комментарии, которые он может получить по поводу его результатов и статистики. Как правильно направлять ученика, если консультант видит его только в школьной среде? Как справиться с различными аспектами неуравновешенной личности? Так много вопросов, которые перед консультантом ставит ночь, но не дает на них ответа. Приходит день, и наступает время встречи. Ученик учится в 10 классе и отличается бунтарским поведением, он также известен тем, что способен на внезапное немотивированное насилие. Он входит в класс, демонстрирует хулиганскую натуру, его взгляд полон ненависти и презрения. Увидев перед собой такого ученика, вы сразу же пожалеете о том, что согласились встретиться с ним без привлечения третьей стороны?

У него сжатые кулаки и шрамы на лице, которые говорят о готовности к насилию лучше любых слов. Вы начинаете говорить авторитетным тоном, сдерживая свои эмоции, и просите его присесть. Он встает и бесстрастно смотрит вам в глаза. Тогда... Рискните представить себе все возможные сценарии развития событий с этого момента истории.

С ТОЧКИ ЗРЕНИЯ ИСТОРИИ

Просите ли вы у Бога указать вам путь? Не путь от дома до места работы, а ваш жизненный путь? Как вы можете понять, какой план подготовил Он именно для вас?

От Иоанна 3:1-21
Библия Библейской лиги (ERV)

"3 Среди фарисеев был человек по имени Никодим, один из иудейских предводителей. 2 Однажды вечером Никодим пришёл к Иисусу и сказал: «Равви, мы знаем, что Ты — Учитель, посланный нам Богом, потому что никто не был бы в состоянии совершать знамения, которые Ты творишь, если бы Бог не помогал Ему». 3 Иисус ответил: «Истинно тебе говорю, что только тот, кто снова родился, сможет увидеть Царство Божье». 4 Никодим спросил Его: «Как может старый человек родиться снова? Ведь не может же он возвратиться в материнскую утробу и родиться во второй раз?» 5 Иисус ответил: «Истинно тебе говорю, что тот, кто не родится от воды и Духа, не сможет попасть в Царство Божье.''

Хотя вам кажется, что ваше поведение определяется вашими проблемами, Бог хочет, чтобы вы смогли преодолеть их с помощью силы, которую Он дает вам.

Чтобы в корне измениться, ваш ученик должен отказаться от своего гнева с помощью Бога.

Спрашивали ли вы когда-нибудь у Бога, какие у Него планы на ваших учеников?

Пытались ли вы когда-нибудь узнать, что Бог задумал в отношении вашей жизни?

Вывод

Как избежать ошибок, когда вы находитесь в опасной ситуации?

РОДИТЕЛИ УЧЕНИКА ТЕРЯЮТ РАБОТУ

ЗАВЯЗКА

Неоднократные прогулы, снижение оценок и ощущение, что вы это уже видели. Ученик в беде.
Интуиция и прошлый опыт подсказывают вам недоброе.

РАЗДЕЛ: ОТ МЫСЛИ К ДЕЙСТВИЮ

"Мои родители потеряли работу" - не такой ответ вы обычно получаете от ученика, когда сталкиваетесь со следующей ситуацией. Дело в том, что вы узнали, что этот ученик стал часто прогуливать занятия. Коллеги сообщают вам об этих прогулах и о том, чем это чревато для ученика. Его родители работали менеджерами на текстильной фабрике. С закрытием фабрики или переводом их в другие места многие семьи оказываются в чудовищной жизненной ситуации. Потеря дохода влечет за собой ряд невообразимых последствий для тех, кто никогда с этим не сталкивался. Необходимо погашать банковские кредиты, платить за школу и обеспечивать себе медицинское обслуживание. Столкнувшись с такой ситуацией, многие семьи не выдерживают и распадаются. Самоубийства и страдания становятся нормой. Люди уже не живут, а выживают. Родители передают детям стресс, в то время как дети должны учиться и развиваться. Это случай ученика, на которого давят родители, давит домашняя обстановка. Как вы можете помочь? Как вы можете взаимодействовать с другими учителями и администрацией, чтобы найти решение?

С ТОЧКИ ЗРЕНИЯ ИСТОРИИ

Терять всё всегда непросто. Какова ваша реакция, когда вы теряете всё? Важно осознавать, как внутри вас смешиваются различные эмоции, превращаясь в сложноуправляемый микс.

Иов 1:20-22
Библия Библейской лиги (ERV)

"20 Услышав всё это, Иов, потрясённый горем, разорвал на себе одежду и обрил свою голову. Затем он упал на землю и стал молиться Богу:21 «Когда я родился на свет, был я гол и ничего не имел. Когда я уйду из жизни этой, снова буду гол, ничего не имея, Господь нам даёт, Господь и забирает. Славьте же имя Его!» 22 Даже после этих несчастий Иов не согрешил и не обвинил Господа в том, что случилось."

Как потерять все и при этом остаться в живых - вот парадокс. Бог благословляет нас, даруя нам жизнь. Вы потеряли все, включая последнюю надежду, вы больше не верите в улучшение своего бытия? Когда несчастье стучится в вашу дверь, позвольте Богу изменить вас.

Вывод

Будьте готовы к худшему, зная, что именно самые сложные ситуации позволят вам постепенно набираться опыта.

" БЫВШИЙ УЧЕНИК "

ЗАВЯЗКА

Воспоминания, история и взгляд в будущее. Как бы вы рассказали свою историю, если бы вас попросили вернуться в вашу родную школу или колледж? Как бы вы рассказали о вашем уникальном опыте?

РАЗДЕЛ: ОТ МЫСЛИ К ДЕЙСТВИЮ

"Возможно, я сидел за этим столом..." Это фраза бывшего ученика, рассказывающего о своём жизненном пути перед классом. "Раньше я всегда выбирал одно и то же место, потому что чувствовал себя там более комфортно". Этот выпускник сделал блестящую карьеру и сегодня и занимает должность вице-президента одной из самых успешных компаний в Соединенных Штатах Америки. В классной комнате воцаряется тишина, когда он облокачивается на стол. Затем он скрещивает руки и более серьезным голосом спрашивает класс: "Кто из вас плохо учится и хочет бросить школу?" Один из учеников встает и берет слово: "Как вы можете давать нам советы, если у вас типичная биография успешного человека?" Наступает тишина, и ученики, которые не задавали вопрос, с любопытством ждут ответа. Многие из учеников ищут примеры для подражания, на которых можно учиться и расти. Бывший ученик берет слово: "До десятого класса моя жизнь была

120

довольно беспорядочной" . Но у каждого человека должна быть возможность стать примером для других. Далее он рассказывает, что изменился он благодаря учителю, который уделяем ему дополнительны 2 часа после уроков, чтобы он мог получить лучшие оценки по математике. Случалось ли нечто подобное с вашими учениками, слышали ли вы когда-нибудь, чтобы кто-то из них сказал, что благодаря вам они смогли измениться? Что они теперь другие? Просто найдите время, чтобы связаться с ними.

С ТОЧКИ ЗРЕНИЯ ИСТОРИИ

Вот библейский текст, в котором говорится о терпении:

2-е Петра 3:9
Библия Библейской лиги (ERV)

"9 Господь не откладывает исполнение Своего обещания, как считают некоторые, Он лишь проявляет к вам терпение, так как не хочет никого уничтожать. Наоборот, Он хочет, чтобы все покаялись."

Где предел вашего терпения, когда некоторые ученики не прикладывают усилий к изучению вашего предмета, когда они вообще не хотят учиться и явно демонстрируют отсутствие интереса к учебе?

Можете ли вы сказать себе, что Бог демонстрирует свое терпение по отношению к нам через ученика, который упорно не желает учиться?

Вывод

Бог терпелив с нами. Бог готов уделять нам время каждый день. Еще немного терпения, и вы достигните невероятных результатов.

> **"**
> ## Я НЕ ЗАНИМАЮСЬ СОЦИАЛЬНОЙ ИНТЕГРАЦИЕЙ.
> ## Я УЧИЛСЯ, ЧТОБЫ УЧИТЬ.
> **"**

ЗАВЯЗКА

Учебный год, учебный предмет и неподходящий момент. Три ингредиента времени, которые всегда не вовремя. Слишком много проблем - не только математика, но и социальная работа.

РАЗДЕЛ: ОТ МЫСЛИ К ДЕЙСТВИЮ

Меня никогда не интересовали общественные отношения. Я предпочитаю интеллектуальную, а не общественную жизнь. Я - учитель. "Каждый занимается своим делом" - вот мой девиз. Я живу в тихом районе, районе, где мне не приходится беспокоиться о социальном положении моих учеников. Но наступает день, и происходит страшное событие, о котором я пока не знаю. Я заканчиваю урок, когда в класс входит родитель. Это мать, которая пришла без предварительной записи. Она просит аудиенции и начинает говорить со мной о своем сыне, который очень хорошо учится. Интересно, зачем она сюда пришла, ведь мне не в чем упрекнуть лучшего ученика в классе, более того, лучшего в школе. Она смотрит на меня, а потом внезапно начинает рыдать. Она пытается взять себя в руки, но ничего не получается. Я застыл, я никогда не думал, что она будет так расстроена. Она больше не может позволить себе платить за школу на следующий год и боится худшего за будущее своего сына. Почему я?

Почему пришел к учителю математики, а не к директору? Я не понимаю, что мне делать, хотя прекрасно знаю, что должен поговорить с директором школы. Я никогда не хотел видеть мучения матери, потому что не знал, что делать. Знаете ли вы, как реагировать на ситуации, происходящие в обществе? Подготовили ли вы себя к таким вещам?

С ТОЧКИ ЗРЕНИЯ ИСТОРИИ

Удивленные тактикой Христа, многие не готовы поступать точно так же . Хотите ли вы быть похожими на этим людей, с таким же характером, с таким же пренебрежением к страданиям других?

К Евреям 6:10
Библия Библейской лиги (ERV)

"10 Потому что Бог справедлив и Он не забудет о ваших трудах и о той любви, которую вы оказали Ему, когда помогали и по-прежнему помогаете Его людям."

Благодаря своей работе в качестве учителя, вы можете помогать тем, кто страдает. Если они приходят к вам, значит, вы можете им помочь. Не упустите возможность сделать это. Вас будут еще больше ценить как учителя. Каким бы ни был предмет, в какой бы области вы ни работали, ваша главная задача - оказывать помощь.

Вывод

━▪━▪━▪━▪━▪━▪━▪━▪━▪━▪━

Вы - пример для многих учеников.
Приходите им на помощь и вне школы.
Будьте с ними в настоящем контакте

Заметки

ЧАСТЬ XII

Медсестра

" ВЧЕРА Я БЫЛА НА ПОХОРОНАХ "

ЗАВЯЗКА

Плохие друзья, драма в голове и драма в реальности. Иногда у нас в голове разыгрывается драма, ждущая своего шанса выйти наружу. Какие драмы есть в нашей голове?

РАЗДЕЛ: ОТ МЫСЛИ К ДЕЙСТВИЮ

Несколько лет вы работаете медсестрой, и тут вам звонят из ближайшего университета. Нельзя терять ни минуты, нужно действовать быстро. А сейчас вернемся на несколько дней назад, к началу истории. Она начинается с потасовки между двумя соперничающими бандами. Есть конфликт между двумя юношами: один создал проблемы другому. Друзья одного из юношей обвиняют другого в том, что тот оскорбил родителей первого. Ничто не предвещало, что ситуация так накалится. Поначалу обе банды сдают назад. Но вот стычка между лидерами дошла до драки, физическое противостояние достигло предела. Один из них, не желавший уступать и чувствовавший себя униженным, вынул из сумки нож "Стэнли".

Другой, увидев это, достал из кармана какой-то тяжелый предмет. Удар за ударом, удар за ударом, происходящее кажется немыслимым, но реальность превосходит вымысел. В этот момент у медсестры звонит телефон, она едет на вызов. После происшествия оба ученика попадают в одну и ту же больницу, после чего их отвозят на одно и то же кладбище. Парни, которые никогда не хотели примириться, лежат в соседних могилах. "Вчера я была на их похоронах". Насилие всегда приводит к могиле. Пусть кажется, что это не так, но насилие - форма смерти. Форма отсутствия жизни, жизни которую дарует Христос.

С ТОЧКИ ЗРЕНИЯ ИСТОРИИ

Медсестра сталкивается со смертью. Приходилось ли вам сталкиваться с трагедией и не знать, кому можно довериться?

Исайя 41:10
Библия Библейской лиги (ERV)

Не беспокойся, Я с тобой. Я - Бог твой, дам тебе силы поддержу тебя Свой победоносною рукой.

Смерть стучится в двери и разрушает жизни. Не стесняйтесь ободрять семьи, переживающие трудные времена. Не стесняйтесь быть рядом с теми, кто страдает.

Вывод

Бог видит нас даже в самой сильной боли. Помогайте другим ощущать его присутствие в такой же ситуации.

ЧАСТЬ XIII

ОРИЕНТИРОВАНИЕ

ОРИЕНТИРОВАНИЕ БЕЗ КОМПАСА

Завязка

День ориентирования и множество проблем.

РАЗДЕЛ: ОТ МЫСЛИ К ДЕЙСТВИЮ

Ученик запутался в ориентировании. На него давят родители, которые разводятся. У него запланирована встреча с консультантом, который ожидает этой встречи с тревогой. На протяжении всего вечера он размышляет о своих прошлых неудачах с учениками с таким же профилем. Особенно консультанта пугают комментарии, которые он может получить по поводу его результатов и статистики. Как правильно направлять ученика, если консультант видит его только в школьной среде? Как справиться с различными аспектами неуравновешенной личности? Так много вопросов, которые перед консультантом ставит ночь, но не дает на них ответа. Приходит день, и наступает время встречи. Ученик учится в 10 классе и отличается бунтарским поведением, он также известен тем, что способен на внезапное немотивированное насилие. Он входит в класс, демонстрирует хулиганскую натуру, его взгляд полон ненависти и презрения. Увидев перед собой такого ученика, вы сразу же пожалеете о том, что согласились встретиться с ним без привлечения третьей стороны?

У него сжатые кулаки и шрамы на лице, которые говорят о готовности к насилию лучше любых слов. Вы начинаете говорить авторитетным тоном, сдерживая свои эмоции, и просите его присесть. Он встает и бесстрастно смотрит вам в глаза. Тогда... Рискните представить себе все возможные сценарии развития событий с этого момента истории.

Псалом 15:7-8
Библия Библейской лиги (ERV)

"7. Благодарю я Бога за Его бесценные уроки, Его советы я даже ночью нахожу в глубинах сердца своего. 8 Всю жизнь я буду помнить, что Господь всегда со мною рядом. Поэтому ничто мне вред не сможет причинить."

Кто ваш помощник? Кто может сказать вам, что вы совершаете ошибку? Приходилось ли вам принимать ошибочное решение, несмотря на хорошие советы? Лучший советчик человека - Бог, но при условии, что человек ему доверяет.

Что бы сделали вы, если бы были в роли консультанта, имеющего дело с учеником, не нуждающимся в ваших советах? ¿С учеником, который пришел к вам не по своей воле?

Вывод

Как избежать ошибок, когда мы находимся в опасной ситуации?

www.ingramcontent.com/pod-product-compliance
Lightning Source LLC
Chambersburg PA
CBHW060512290526
45791CB00001B/366